Transição em fragmentos:

desafios da democracia no final do século XX

Transição em fragmentos:

desafios da democracia no final do século XX

organizadora

Alzira Alves de Abreu

FGV

EDITORA

Direitos desta edição reservados à
EDITORA FGV
Praia de Botafogo, 190 — 14º andar
22253-900 — Rio de Janeiro — Brasil
Tels.: 0800-21-7777 — 0-XX-21-559-5533
Fax: 0-XX-21-559-5541
e-mail: editora@fgv.br
http://www.fgv.br/publicacao

Impresso no Brasil / *Printed in Brazil*

1ª edição — 2001

EDITORAÇÃO ELETRÔNICA: Cálamo

REVISÃO DE ORIGINAIS: Luiz Alberto Monjardim

REVISÃO: Aleidis de Beltran e Fatima Caroni

CAPA: Livia Burity

Ficha catalográfica elaborada pela Biblioteca
Mario Henrique Simonsen/FGV

Transição em fragmentos: desafios da democracia no final do século XX / Organizadora Alzira Alves de Abreu. — Rio de Janeiro : Editora FGV, 2001.
188p.

1. Democracia. 2. Democracia — Brasil. 3. Brasil — Política econômica. I. Abreu, Alzira Alves de. II. Fundação Getulio Vargas.

CDD-321.8

SUMÁRIO

Apresentação

Os processos de democratização política têm despertado grandes debates e incentivado inúmeros estudos e pesquisas a respeito dos diversos tipos de transição de um Estado autoritário para uma democracia política.

Tal interesse está relacionado ao fato de mais de 30 países terem voltado à democracia num curto período, entre 1974 e 1990, após viverem sob diversas formas de autoritarismo: regime de partido único, regime militar ou ditadura personalista.

Ao mesmo tempo, assistiu-se a mudanças no sistema político e econômico dos países do Leste europeu, onde a economia deixou de ser totalmente centralizada, sob o controle do Estado, para tornar-se uma economia de mercado. Essa passagem do sistema socialista para o capitalista não foi prevista pelos cientistas sociais, de modo que seu estudo tem despertado enorme interesse.

As diversas condições e trajetórias da transição política resultaram em regimes democráticos diferenciados. Os cientistas sociais, refletindo esse quadro, buscaram, através de formulações teóricas, analisar a estabilidade das novas democracias; entender como os processos de transição conduzem a uma democracia consolidada, isto é, quando os conflitos se resolvem através de instituições democráticas; caracterizar os tipos de instituições resultantes desse processo; identificar o principal agente desencadeador do processo de mudança e as estratégias utilizadas para alcançar a democracia. Nesse caso podem estar as elites que detinham o poder, as contra-elites que desafiaram as elites situacionistas, ou uma combinação das duas. As respostas a essas questões vão indicar a natureza do regime e as políticas implementadas no período pós-transição.

O projeto "Brasil em transição: um balanço do final do século XX", que vem sendo desenvolvido no Centro de Pesquisa e Documentação de História Contemporânea do Brasil (CPDOC), da Fundação Getulio Vargas, e no Programa de Pós-Graduação em Antropologia e Ciência Política da

Universidade Federal Fluminense, como parte do Programa de Apoio a Núcleos de Excelência (Pronex), está voltado para a problemática da transição no Brasil nas duas últimas décadas, mas focaliza aspectos pouco comuns nos trabalhos até aqui realizados.

As diversas linhas de pesquisa analisam um conjunto de interesses, práticas, atores sociais e instituições que participaram do processo de democratização. São elas: democracia e Forças Armadas, que examina a transição do regime militar para uma nova ordem democrática e o papel das Forças Armadas no cenário político da Nova República; a política externa brasileira vista através de crenças e imagens na diplomacia e os padrões de formulação das decisões no período de transição; a reforma do Estado vista a partir de estudos sobre a política industrial e de comércio exterior, a reforma do sistema financeiro e da seguridade social, a implementação e o funcionamento da Defensoria Pública, e uma análise da situação do Brasil no final do século XX levando-se em consideração a evolução histórica de indicadores sociais, políticos e econômicos; cultura e política no Brasil, linha de pesquisa que procura elucidar as transformações ocorridas na organização da produção cultural e informativa da mídia, sua interação com as esferas de poder e a formação de seus profissionais; por último, a criação de um novo estado da Federação, o Rio de Janeiro, analisada do ponto de vista da transição política.

Com o objetivo de ampliar o debate das questões levantadas pelos pesquisadores envolvidos nas diversas linhas de pesquisa do projeto, decidiu-se organizar o seminário "Brasil em transição", realizado nos dias 1º, 2 e 3 de setembro de 1999. O CPDOC da Fundação Getulio Vargas e o Programa de Pós-Graduação em Antropologia e Ciência Política da Universidade Federal Fluminense, organizadores do seminário, tiveram a preocupação de oferecer a todos os presentes um amplo espaço para a discussão das idéias apresentadas. Infelizmente, não é possível incluir aqui as inúmeras intervenções de alta importância e qualidade que se fizeram ouvir durante o seminário. Decidimos publicar somente os textos apresentados pelos pesquisadores convidados e os comentários a esses textos, feitos por especialistas previamente convidados para essa tarefa.

As contribuições para o seminário foram de natureza variada: enquanto uns adotaram uma perspectiva teórica e metodológica, outros se voltaram mais para a experiência brasileira. Mas essa diversidade foi particularmente estimulante porque mostra as inúmeras maneiras de abordar o tema.

As questões de natureza teórica e metodológica que dificultam uma comparação entre a democratização latino-americana e a do Leste europeu foram levantadas por Guy Hermet, para quem não existe um método que possibilite apreender as experiências históricas ocorridas nessas regiões. Ao comparar as trajetórias latinas e pós-comunistas, ele observa que os analistas costumam desconhecer o peso da memória do passado nas mudanças políticas. Na América Latina, a "transitologia" como paradigma metodológico privilegiou posições inspiradas nas teorias da ação estratégica e no individualismo metodológico, posições que estão interessadas no tempo imediato e que desprezam o passado. Só mais tarde, quando se iniciam as análises sobre as transições no Leste europeu, é que a perspectiva se inverteu, na medida em que os estudos foram feitos por especialistas ligados à disciplina histórica.

Ao comentar o texto de Guy Hermet, Renato Lessa ressalta a preocupação do autor com os modelos utilizados nos estudos da transição e com o problema da fragmentação dos objetos de investigação.

Barry Ames focaliza o processo de democratização brasileiro a partir das instituições políticas nacionais. Ele analisa o sistema eleitoral, as regras de formação de partidos, a natureza da presidência e a divisão de poderes entre os vários níveis do governo, mas centraliza a discussão na premissa de que há um excesso de atores com poder de veto, não apenas em termos de partidos, mas também de interesses estaduais, municipais e corporativos, o que leva à obstrução do Legislativo. A seu ver, um dos meios de reduzir tal excesso seria a reformulação do federalismo brasileiro, o mais forte da América Latina. Essa reformulação passaria primeiramente pela organização dos partidos políticos.

Concordando com a abordagem de Barry Ames, Amaury de Souza procura aprofundar a discussão sobre o sistema político brasileiro — presidencialista com um sistema legislativo de representação proporcional — e as conseqüências desse sistema híbrido para a política macroeconômica e a manutenção das desigualdades no país, analisando também as possibilidades de promover reformas nesse sistema.

Alfred P. Montero mostra que a democratização no Brasil se fez acompanhar de um processo de descentralização e de uma erosão do desenvolvimentismo nacional, o que teria criado as condições para reformas fiscais e a introdução de mecanismos subnacionais de formulação de políticas. Com a Constituição de 1988, os estados assumiram um controle sem precedente sobre as políticas fiscal, social e econômica. Mas os estudos sobre o processo de transição no Brasil não examinam o fortalecimento dos estados na formulação de políticas. Na verdade, por um lado há estudos que tratam os estados como "atores com poder de veto", opositores da reforma fiscal, defensores dos direitos dos estados e dos poderes dos governadores. Nesse caso, qualquer reforma oriunda do poder central tem alto custo. Essa abordagem mostra que os estados brasileiros são conservadores e opositores da reforma política. Por outro lado, há estudos que analisam as "histórias de sucesso", focalizando os casos em que se criaram mecanismos participativos na elaboração do orçamento (Porto Alegre) ou se implementaram políticas sociais e econômicas em regiões pobres (Ceará). Para Montero, essas duas abordagens não dão conta do papel desempenhado pelos estados na nova ordem constitucional. Fazendo uma comparação entre as políticas econômicas dos estados de Minas Gerais e Rio de Janeiro, ele procura explicar o que chama de padrão "colcha de retalhos", ou seja, o padrão altamente diferenciado na elaboração da política industrial em nível subnacional.

Os comentários de Renato Boschi enfatizam a abordagem inovadora do trabalho de Alfred Montero na análise das mudanças institucionais e mostram a importância de se trabalhar, teoricamente, com o processo de centralização e descentralização institucionais, quando se trata de implementação de políticas. Tal abordagem torna-se fundamental para a compreensão da mudança institucional.

A importância das organizações sociais para o sucesso econômico nas sociedades em desenvolvimento foi o tema trazido para o seminário por David Skidmore. A partir de uma comparação crítica entre as teorias estatistas e neoliberais, ele mostra que é possível conceber soluções para os problemas de ação coletiva através de um desenvolvimento centrado na sociedade civil, em formas de organização associativista. Em sua análise, Skidmore utiliza o conceito de capital social, na medida em que este pode refletir o valor da atividade social cooperativa. A seu ver, alguns tipos de capital social podem contribuir para o crescimento econômico e o bem-estar social, complementando os papéis que os mercados e os estados desempenham na economia.

Em seus comentários, Maria Regina Soares de Lima procura conduzir o debate sobre o desenvolvimento para além das alternativas clássicas entre mercado e Estado, introduzindo o tema da "terceira via".

Nicholas Garnham aborda questões ligadas à construção da democracia a partir da perspectiva da esfera pública. Segundo ele, no cerne da teoria e da prática da democracia está a "comunicação pública". Garnham emprega essa expressão em vez de "mídia", pois esta última normalmente exclui o sistema educacional, que desempenha papel estratégico nas comunicações públicas das sociedades modernas. Ele procura mostrar as implicações da globalização para o futuro do Estado-nação e também o impacto, na comunicação pública, do desenvolvimento da chamada — segundo ele, erroneamente — "sociedade da informação".

César Guimarães enriquece o texto de Garnham com uma crítica sucinta aos fundamentos idealistas do modelo da "esfera pública", destacando os muitos desafios políticos e teóricos trazidos pelo desenvolvimento contemporâneo da mídia.

Por fim, devemos assinalar que inúmeras pessoas contribuíram para a realização do seminário "Brasil em transição". Além do suporte financeiro do Programa de Apoio a Núcleos de Excelência (Pronex) e do empenho de Gilberto Velho, contamos com a ajuda dos integrantes do projeto e a especial colaboração de Caren Addis, que esteve presente em todos os momentos da organização do seminário. Registramos aqui nossos agradecimentos a todos.

Alzira Alves de Abreu
Coordenadora do projeto

Capítulo 1

As transições democráticas no século XX: comparação entre América Latina e Leste europeu*

*Guy Hermet***

Trata-se de estabelecer aqui um paralelo entre o percurso acidentado da democratização na América Latina e um percurso parecido, no Leste europeu, ao longo deste século que está acabando. Convém desde logo assumir que enfoques comuns, como os da "transitologia" ou da "consolidologia", dificilmente se aplicam a uma cronologia retrospectiva tão extensa. Antes de qualquer consideração mais substancial, cabe portanto perguntar se existe um método que permita apreender, analisar e confrontar as trajetórias das democratizações "latinas" e "centro-orientais" ao longo de um período tão amplo. Também é necessário lembrar que os episódios, felizes ou não, de democratização que marcaram a América Latina e o Leste europeu nesses 100 anos não são únicos; episódios semelhantes, ocorridos na Europa ocidental, podem talvez contribuir para a compreensão do fenômeno. É a partir desse duplo pressuposto metodológico e histórico que serão delineados os traços que agora separam ou aproximam as democratizações latino-americanas das européias — sejam estas orientais ou centro-orientais. Esclareçamos, porém, que esse terceiro momento pretende apenas propor uma avaliação comparativa ainda elementar e discutível, um simples esboço.

Qual método?

Por volta de 1970,[1] a expressão "transição democrática" designa o período que vai desde a queda ou os últimos estertores de uma ditadura, de qualquer tipo que seja, até a instalação de um regime que se possa identificar

---

* Tradução: Monique Augras.

** Professor de ciência política da Universidade Livre de Bruxelas.

[1] Mais exatamente, a partir do artigo de Dankwart Rustow (1970).

como democrático ao menos na aparência. Assim é que Garretón (1987:37), latino-americano tipicamente preocupado com as intervenções políticas do Exército, define a transição como "o processo que vai do período terminal do regime militar até as primeiras eleições livres". Um pouco mais ambiciosos e genéricos, Gunther, Diamandouros e Puhle (1996), por sua vez, preferem fixar como fim do período ditatorial o momento em que o novo regime alcança o estágio de sua "institucionalização global". Já Przeworski (1991:10), mais lúcido, julga que o êxito só se torna patente quando "os partidos, e até mesmo os que estão no poder, perdem as eleições". De qualquer modo, essas nuanças não modificam o fato de que as transições democráticas correspondem mesmo a um espaço de tempo inscrito entre regimes políticos de tipos diferentes. Aliás, seria melhor falar simplesmente em "transição política". Pois, de um lado, sabe-se muito bem que nem todas as passagens para a democracia se processam de maneira democrática; de outro, ninguém pode assegurar que se conseguirá chegar de fato a uma solução democrática aceitável (muitas vezes fica-se num estágio de semidemocracia).

O mais importante, contudo, não se situa no nível das definições formais da transição, que são sempre incompletas. O que é fundamental, para o nosso propósito, é identificar — sem mais se preocupar com outros aspectos — os pontos que realmente distinguem tais transições de outras modalidades de mudança política. Para tanto, eis o primeiro ponto a ser comentado: considerar, como deve ser feito, que as transições são passagens de um tipo de governo para outro implica situá-las dentro de um período curto, quando muito de alguns anos, pois o prolongamento indefinido dessa fase intermediária significaria o afundamento do projeto democrático num atoleiro. Segundo ponto: a análise das transições diz respeito a uma ação política normalmente conduzida de maneira voluntarista e numa perspectiva estratégica por agentes situados no topo da sociedade. Como bem observa Di Palma (1992:79), tal análise leva essencialmente em conta as escolhas feitas por esses agentes sem que eles saibam quais serão as opções dos membros de outras elites que poderão mais tarde revelar-se adversários ou aliados potenciais, como na teoria dos jogos. Terceiro ponto: transições e "transitologia" evocam as teorias do caos, no sentido de que os jogos dos agentes são de antemão indeterminados, podendo portanto produzir o oposto do resultado esperado ou redundar em situações inextricáveis (é o que está acontecendo atualmente na Rússia). Quarto e último ponto, um tanto diferente dos precedentes: os "transitólogos", por focalizarem processos de curta duração, costumam adotar uma visão muito minimalista da democracia, isto é, uma democracia processual, caracterizada pela natureza codificada e previsível de seu funcionamento. A seu ver, isso bastaria para distinguir a democracia da ditadura, cuja processualística era tida — por vezes erroneamente — como incognoscível.

Eis por que o conceito de transição, associado aos métodos de análise que ele mesmo suscitou ao longo de sua difusão, não atende às exigências de uma comparação de longa duração. Comparação que contempla um século e por isso mesmo se refere menos ao episódio fundador de uma nova democracia do que a suas seqüelas e acidentes, devendo-se também levar em conta que transições abortadas e democratizações efêmeras ocorreram sucessivas vezes num só país. Além disso, se os *a priori* da "transitologia" coincidiram tão bem com os procedimentos amplamente apoiados pelos "pactos" das democratizações latino-americanas, cujo objetivo se reduzia à troca de um regime de governo por outro, é claro que nada disso se aplica às violentas transformações ocorridas nos Estados que deixaram de ser comunistas. Nestes, tudo devia mudar, muito além do dispositivo político, e raras vezes se verificaram casos de relativa colusão entre "democratas" e "pós-totalitários" nem sempre arrependidos. As mais sagazes ações estratégicas revelaram-se impotentes não só em face do poder dos herdeiros do sistema oficialmente derrubado, mas também devido ao efeito persistente de condicionamentos históricos bem mais antigos.

Mas será que não podemos encontrar uma saída no interesse recentemente observado entre os especialistas da democratização na consolidação das jovens democracias, e não mais nas breves transições que lhes deram origem? Não será esse o caminho para realizarmos uma comparação prolongada entre América Latina e Europa central e oriental? Infelizmente, a "consolidologia" só trata de uma ordem política já estabelecida, mas não do processo que gerou tal ordem em meio a muitas tentativas fracassadas. Além disso, ela integra o tempo longo de um modo duplo e pouco satisfatório: de um lado, em face da exigência de estabilidade ou de duração de uma ordem democrática decorrente dessa condição; de outro, à luz dos paradigmas da *path dependency* ou do capital social, que ressuscitam as velhas precondições históricas ou estruturais da boa democracia. É nessa mesma perspectiva, embora sua referência ao determinismo estrutural-cultural-histórico seja em verdade bem mais discreta, que Philippe Schmitter define a democracia consolidada como aquela em que se estabeleceram relações sistêmicas estáveis,[2]

[2] Ver a esse respeito o artigo fundador de Schmitter e Karl (1991).

que Diana Éthier a vê como fundamentada em amplo consenso social ou, ainda, que Dankwart Rustow a ela se refere como *habituação*. Com exigências mais modestas, eu diria, por minha vez, que a democracia está consolidada quando o regime fica sem alternativa realmente imaginável, tanto para as elites[3] quanto para a imensa maioria dos membros de uma sociedade. Mas, seja como for, um inconveniente radical persiste na crença de que a "consolidologia" pode resolver o nosso problema de comparação. Além de sua observação objetiva da estabilidade das democracias, ora ela é normativa demais, ora subjetiva demais naquilo que diz respeito ao essencial. A "consolidologia", por assim dizer, custa a avaliar o padrão de qualidade de seus objetos. Sem indulgência para com os neófitos ou os contextos específicos, que eles fazem questão de ignorar, os "consolidólogos" examinam atentamente a qualidade instantânea das jovens democracias a partir de valores inspirados por parâmetros que as democracias ocidentais, européias e norte-americanas já tiveram tempo de elaborar no decorrer de períodos bem mais longos, conforme as respectivas conveniências. Assim, a causa da maior parte da América Latina e também da Europa pós-comunista está perdida, sem esperança de melhoria, e, quando muito, suas "democracias delegativas"[4] são relegadas ao purgatório dos simulacros. Pior ainda, os critérios de homologação utilizados nessa perspectiva finalmente se revelam tão exigentes que, se quiséssemos aplicá-los a todas as democracias existentes, não sobraria mais nenhuma.

Convém, no entanto, reconhecer que os fanáticos da consolidação perceberam o perigo. No início, eram apenas, em sua maioria, especialistas norte-americanos em estudos latino-americanos encantados com a oportunidade de ascender ao *status* superior de teóricos, a partir de sua familiaridade com um meio que, pela primeira vez, fora colocado no centro da arena das preocupações mundiais com a ciência política, onde até então ocupava um lugar apenas subalterno. Mas esse tipo de triunfo acadêmico durou pouco, já que o deslocamento do epicentro das democratizações na direção do Leste europeu — do qual nada sabiam — logo tirou-lhes a vantagem comparativista. Obrigou-os à modéstia, diante da concorrência de outros especialistas em *areas studies* que já haviam percebido a realidade profunda desse novo

[3] Junto com J. Highley e R. Gunther (1992:8), defino as elites como grupos que ocupam uma "posição estratégica nos lugares de poder".

[4] Retomo a terminologia de O'Donnell (1994).

âmbito das maiores perturbações políticas da pós-Guerra Fria. Foi nessas circunstâncias que estudiosos da América Latina e do antigo espaço comunista se cruzaram, como que em processo de hibridação. Os "transitólogos latino-americanistas" tornaram-se especialistas na consolidação da democracia, antes de reintroduzirem a dimensão de longa duração cultural e estrutural em seus esquemas. Os eslavizantes, ex-sovietólogos ou ainda "orientalizantes", depois de insistirem primeiramente na originalidade irredutível de seu campo de estudos, não puderam, por sua vez, deixar de aderir também à linha da "consolidologia", revigorada pelo recurso à história e enriquecida pela importância das conclusões que se poderiam extrair a partir dos marcos duráveis deixados pelo processo, ainda que repentino, das transições. Resumindo: as antigas *confining conditions* de Otto Kircheimer (1965) voltaram à tona. Diamandouros e Larrabee (1999:6), por exemplo, fizeram isso de modo bem explícito, particularmente no que se refere a um tipo de relação entre a sociedade e o Estado que, a seu ver, jamais teria deixado de caracterizar os países do Leste — assim como Karl (1990) já havia insistido no fardo imemorial representado pelas desigualdades sociais na América Latina. Isso sem esquecer outros elementos que tornam a ser levados em conta. Em primeiro lugar, aquele que diz respeito à herança mais próxima do regime anterior: militar na América Latina e totalitário ou pós-totalitário comunista no Leste europeu. Do mesmo modo, a dificuldade, em muitos casos, de distinguir transição de consolidação. Por exemplo, em Portugal, onde tudo acontece em 1982, oito anos depois da "revolução dos cravos"; no Chile, onde o grau de consolidação democrática depende da opinião que se tenha a esse respeito; ou no Brasil, onde militares discretos continuam presentes nos bastidores, ante uma população perplexa com o seu governo civil. Finalmente, cumpre assinalar o refluxo muito sugestivo, registrado a partir desse momento, da análise — sempre majoritariamente transitológica — da ação e das relações entre elites rivais no Leste, ilustrado principalmente pelos trabalhos de Highley e Pakulski (1995). Doravante, entre uns e outros analistas, tratar-se-á menos de transição ou consolidação que de *democratização*, indistintamente, sem mais querelas acadêmicas nem requintes conceituais um tanto sectários.

Em definitivo, esta breve revisão metodológica mostra que até mesmo os partidários desse último tratamento conciliador de pontos de vista outrora antagônicos não propõem ferramenta alguma que possibilite ordenar uma comparação das democratizações latino-americanas e leste-européias válida para a totalidade deste século. Pois, tanto no primeiro caso quanto no segundo, não se trata apenas de considerar uma série de experiências democráticas bem ou malsucedidas, e sim várias experiências sucessivas que não deixaram de influenciar-se mutuamente. Já dissemos que ainda não existe um método que permita apreender esse tipo de seqüências, e que não é nosso propósito inventá-lo aqui com uma simples penada. Nosso objetivo é mais elementar. Pretende apenas enunciar que precauções serão necessárias, de um lado, para orientar essa comparação em seu ponto de partida; de outro, para identificar alguns limiares críticos da maior importância, os quais, estejam ou não ultrapassados, parecem suscetíveis de ilustrar de maneira genérica o progresso ou a estagnação no caminho da democracia. No que diz respeito às precauções, a primeira seria evitar juízos normativos sobre cada uma das "*performances* democráticas" do Sul e do Leste. Uma segunda precaução seria não considerar a América Latina e o Leste europeu como se fossem entidades isoladas do resto do mundo, como se outras regiões do planeta não tivessem também efetuado suas próprias democratizações no decorrer deste mesmo século XX e como se não pudéssemos delas extrair ensinamentos para o nosso propósito. Por sua vez, os limiares críticos que devem ser definidos são diferentes para a América Latina e para o Leste europeu. No que diz respeito à América Latina, os mais decisivos se relacionam, em primeiro lugar, com a superação do ciclo fatal que viu a alternância, no poder, dos democratas civis e dos dirigentes militares; em segundo lugar, com o esgotamento — ou a permanência — da visão revolucionária ou populista de uma democracia social constantemente oposta à singeleza da democracia institucional. Já no caso do Leste europeu, tais limiares remetem em primeiro lugar ao desejo de extinguir uma tradição ao mesmo tempo autoritária e populista na relação entre Estado e sociedade; em segundo lugar, à busca de uma solução conciliatória para o conflito entre identidade étnica e territorialidade política; e, por último, à tarefa — ainda mais delicada que na América Latina, visto que dificultada pelo longo episódio comunista — de harmonizar a forma democrática de funcionamento do governo com uma espécie de democracia social ou econômica.

A democratização não data das transições dos anos 1980

A palavra "democratização" hoje está gasta, a ponto de somente significar uma espécie de banalização do acesso a certos bens ou serviços, segundo uma concepção que nada mais tem de política. Assim é que se fala em democratização do ensino superior ou até mesmo na prática do golfe, remetendo, é claro, à mera ampliação de sua clientela social, sem pensar um segundo sequer em sua gestão democrática. Além disso, precisamente em sua acepção política, a palavra democratização cada vez menos se refere a vitórias da democracia sobre o autoritarismo e cada vez mais ao aprofundamento das democracias já solidamente estabelecidas. O que então se pretende é democratizar a democracia existente, afastando-a do círculo dos profissionais da eleição, aumentando o engajamento dos cidadãos comuns nas coisas públicas e estendendo também o debate e a tomada de decisão democráticos a setores não-políticos onde ambos permanecem desconhecidos. No entanto, a democratização de que falaremos agora continua sendo aquela que está ligada à extensão do regime democrático em sentido restrito, na perspectiva bastante clássica de um sistema de relações políticas aberto, estabilizado e praticamente sem rival concebível na sociedade estudada.

Nesse aspecto, o paradoxo reside no fato de que, tanto quanto a América Latina ou a Europa central e oriental, os países da Europa ocidental e os Estados Unidos também esperaram o século XX para conhecer os mais decisivos avanços em seus processos de democratização.[5] Salvo a França e a Suíça, que inauguraram o sufrágio universal já em 1848, a maioria dos países europeus permaneceu com um voto amplamente censitário, que excluía os mais pobres, até a véspera ou logo depois da I Guerra Mundial. A Itália, por exemplo, somente inaugurou o sufrágio universal masculino em 1912, enquanto a Alemanha, a Aústria, a Bélgica e a Inglaterra apenas o adotaram em 1918 ou 1919, uma vez que, como Göran Therborn (1977) salientou, eralhes então impossível recusar o direito de voto aos seus milhares de excombatentes. Já os Estados Unidos só consolidaram a sua democracia com a abertura do sufrágio efetivo para os negros no quadro da luta dos anos 1960-70 pelos direitos civis. Poder-se-á também observar, em outro plano, que a Suécia protelou até 1915 a instauração de um regime parlamentar que assegurasse a concordância entre a orientação de seu governo e o resultado das eleições. Além disso, vale notar que tal ampliação lenta e hesitante do sufrágio parece até secundária ante os fracassos repetidos das primeiras "transições democráticas" ensaiadas no oeste e no sul da Europa. Nação mais adiantada nessa parte do mundo no plano industrial, científico, cultural e social, a Alemanha falhou nas duas primeiras transições do período imperial anterior a

[5] Ver Hermet, 1990.

1914 e, em seguida, na da República de Weimar. Do mesmo modo, tendo como desculpa a existência de condições menos propícias, a Itália não conseguiu a dela após 1912, enquanto a Espanha por duas vezes seguidas fracassou em sua democratização: primeiro, durante a monarquia parlamentar anterior a 1923, e depois, durante a Segunda República, vítima de convulsões inacreditáveis entre 1931 e 1936. Em suma, tanto a Europa "adiantada" quanto os Estados Unidos experimentaram longuíssimas transições para a democracia, transições cujo fim não se conseguia vislumbrar. Algumas foram gradativas, caso das transições britânica e norte-americana, que se estenderam desde o primeiro terço do século XIX até 1918 e 1970, respectivamente. Outras foram tumultuadas, marcadas por graves acidentes, como nos casos alemão, espanhol, francês e italiano. Acresce que as fases decisivas da última democratização na Alemanha, na Áustria e na Itália obedeceram a determinações externas, ligadas à derrota militar e à ocupação ou à tutela estrangeira, e não a fatores internos, como no caso da maioria dos países latino-americanos. Que se deve concluir disso, em termos imediatos? É claro que nada demonstra que a democracia seja cultural ou socialmente consubstancial com os países do continente europeu, nem sequer no caso daqueles que desde cedo foram influenciados pela modernidade e pelos valores do iluminismo.[6]

Com efeito, verifica-se que as "velhas democracias" são muitas vezes pouco mais antigas do que as suas irmãs "menores", particularmente quando se considera o caso da América Latina. O Uruguai, especificamente, teve papel pioneiro na criação da primeira democracia social em nível mundial, desde antes de 1914. A Argentina, por sua vez, já se abrira ao sufrágio universal em 1912, com a Lei Saenz-Peña, e em seguida iniciou uma trajetória de democratização, lastimavelmente interrompida de 1931 a 1984. Do mesmo modo, o Chile quase chegou a consolidar definitivamente a sua democracia, de 1930 a 1971, até que o governo de Unidade Popular de Salvador Allende, seguido pela era Pinochet, viesse desmentir essa impressão. Já a Venezuela, ainda que primeiramente, entre 1945 e 1948, tenha fracassado em sua tentativa de criar logo uma prematura democracia progressista, 10 anos depois conseguiu, com mais cuidado, instaurar uma democracia sem adjetivos, que viveu várias décadas de estabilidade. O Brasil, por fim, também experimentou a democracia antes do golpe militar de 1964, é verdade que de maneira parcial, limitada que estava pelo clientelismo, o localismo ou

---

[6] Ver Hermet, 1983 e 1986.

o regionalismo e a demagogia de seus grandes líderes populistas. As transições nas quais estamos pensando só se processam mais tarde, a partir de 1980; inscrevem-se numa segunda democratização, sem que seja possível assegurar, no entanto, que as antigas práticas e as reminiscências do passado hajam desaparecido por completo.

De modo análogo, a Europa que, para simplificar, é chamada de "oriental" viveu as suas democratizações anteriomente ao período comunista e à II Guerra Mundial, todas elas interrompidas, menos na Tchecoslováquia, e quase todas já relatadas há muito por Linz (1978). Os países do Báltico, especificamente, então fracassaram em seu empreendimento para logo produzir ditaduras. Por sua vez, a Hungria e países balcânicos como Bulgária, Romênia e Iugoslávia seguiram, de 1918 a 1939, o percurso acidentado de ciclos alternando governos pseudo-representativos, apoiados por eleições manipuladas, e governos autoritários (ciclos que não deixam de lembrar o ciclo fatal latino-americano, ainda que, nesse caso, a manipulação geralmente fosse obra da administração).

Que ensinamentos provisórios se podem tirar desse contexto global de democratização, que em muito ultrapassa o dos retornos recentes à democracia na América Latina ou de seu puro e simples nascimento em certos países do Leste? O primeiro ensinamento mostra quão lento e frágil é o processo de socialização da democracia, capaz de fazer dela o único regime de governo concebível e a regra de comportamento, obrigatória tanto para a massa da população quanto para os seus dirigentes. Nesse plano, nada está seguro. Os alemães, por exemplo, continuaram manifestando sua preferência por regimes autoritários até meados dos anos 1950, enquanto os espanhóis, depois de 1975, se acostumaram quase que de chofre à sua democracia coroada. Paralelamente, o segundo ensinamento diz respeito à resistência criada por atitudes há muito adquiridas perante a "cultura democrática", até mesmo nos países em que esta parece ter sido aceita, ao menos na superfície. Para se convencer disso, basta reportar-se às diferenças observadas, nesse aspecto, por Robert Putnam (1993) entre o norte e o sul da Itália, ainda que o seu conceito de capital social, visto geralmente como propício aos comportamentos civis de boa cepa, seja por demais tributário da estreita representação anglo-saxônica da comunidade política de tipo cívico. Do mesmo modo, a ressurgência, na Andaluzia, de um clientelismo doravante apadrinhado pelo Partido Socialista confirma essa impressão, que também se aplica à reconfiguração das relações patronos-clientes nas favelas do Rio de Janeiro. Na França, igualmente, a nostalgia de um Estado forte, cultivada pelos adeptos do gaullismo, entre outros, possui todos as características de um dado bastante intangível, como é o caso, mas desta vez numa perspectiva positiva para a democracia, do temperamento federalista e historicamente arraigado dos alemães. Terceiro ensinamento: o substrato estrutural e cultural de uma sociedade tem obviamente uma influência considerável em suas chances de democratização, sem que se trate aqui de uma limitação absoluta (assim é que a democratização da Alemanha ou da Argentina sofreu grande atraso, apesar do grau de adiantamento desses países em outras áreas, enquanto a democracia se consolidou na Índia e, por um momento, no Chile, em contextos de grandes desigualdades). Último ensinamento: a qualidade do cenário econômico favorece a democratização sem contudo garanti-la. De novo, o caso da Índia ilustra esse paradoxo, assim como o da Costa Rica. Nesse aspecto, talvez fosse necessário considerar mais modestamente que uma economia de mercado suficientemente autônoma constitui o quadro normal da democracia, enquanto a prosperidade econômica assume apenas feições de elemento facilitador, mas contingente, nunca obrigatório. Mais ainda: o fato de que a democratização muitas vezes desencadeia a miragem da prosperidade imediata aparece como fenômeno quase ignorado pelas velhas democracias assentadas, mas hoje se tornou um obstáculo primordial às jovens democracias pobres.

As diferenças

Findo esse levantamento, passemos agora à comparação entre as duas trajetórias longas da democracia na América Latina e no Leste europeu. As diferenças são evidentes. A primeira remete ao essencial, que diz respeito à própria referência ao ideal ou, pelo menos, ao modelo do governo democrático. Os latino-americanos, salvo algumas exceções, só fizeram sonhar com a democracia ao longo do século, ainda que tenham tido concepções muito divergentes sobre o sentido da palavra. Os intelectuais reconhecidos ou os membros das classes médias educadas, que olhavam na direção de Londres, de Paris ou dos Estados Unidos, a concebiam sob a forma clássica: representativa, pluralista e moderada. Outros intelectuais radicais, situados numa posição mais periférica, recusavam esse subterfúgio "burguês" e a viam como revolucionária. Sabemos que geralmente fracassaram em seus projetos, ainda que no México, na Bolívia ou em Cuba tenham conseguido levá-los adiante até certo ponto (na Guatemala e na Venezuela também, mas por curtos períodos de tempo). Outros, ainda, intelectuais, militares progressistas ou líderes políticos rompidos com o meio oligárquico, a concebiam como populista por sentimento ou por cálculo, como Raul Haya de La Torre no Peru, o general Ibañez no Chile, o grande fazendeiro Getúlio Vargas no Brasil, o general Perón na Argentina, o coronel Omar Torrijos no Panamá ou, ainda, a linhagem dos Bucaram no Equador. Estes, especificamente, respondiam à frustração das massas camponesas ou urbanas conforme as circunstâncias; massas desesperadas ao verificar que a mobilidade social ascendente com que sonhavam se tornara um logro após a crise econômica de 1929 descobriam de repente que a modernidade das cidades pelas quais muitos deles haviam abandonado o campo era apenas uma vitrine enganosa; massas democratas, com certeza, mas em busca de uma democracia fusionista encarnada por um salvador providencial e paternal, perante a qual as eleições clientelistas por vezes celebradas ofereciam uma humilhante paródia. No entanto, o que mais chama a atenção é que até mesmo os militares golpistas pretenderam ser democratas, salvo raras exceções, como o general Onganía na Argentina. Assim é que o Estado militar brasileiro dos anos 1964-84 ambicionava fundar novamente a democracia em melhores bases, numa perspectiva bastante positivista de ação sobre as coisas — ou sobre a economia —, e não sobre os homens. Embora em sentido oposto, Juan Domingo Perón nutria o seu próprio projeto de democracia sindicalista, que ele encarnaria conforme os desejos dos *descamisados* e das *cabecitas negras*. Até mesmo o general Pinochet pretendia consertar os estragos da democracia social de Salvador Allende, para reconstruir outra com base na sua Constituição de 1980.

A quase unanimidade dessa adesão à democracia, apresentada como princípio bastante indefinido, contudo recobria e de novo recobre um litígio fundamental, que só foi esquecido durante a curta etapa intermediária de união em torno da modesta "democracia apenas política" do fim dos anos 1980 até o início dos anos 90. Ou seja: será preciso chegar, de cara, à democracia social igualitária? Ou será que convém, por realismo estratégico, ficar, pelo menos no começo, no nível de uma simples democracia de direitos cívicos, para que ela possa consolidar-se até o momento em que venha a se mostrar suficientemente estável para poder tratar da questão dos direitos sociais? Partidários de uma ou outra fórmula se perceberam durante muito tempo, e ainda hoje voltam às vezes a se perceber, como inimigos factuais — "objetivos" — da democracia. Uns — os sociais — são considerados pelos oponentes como responsáveis pelo ciclo fatal do fracasso das tentativas anteriores de democratização, enquanto outros — os políticos ou "processuais" — são acusados pelos primeiros de quererem mudar tudo em aparência para que nada mude na realidade das desigualdades substanciais. Tudo gira em torno desse ciclo fatal. Foi ele também que alimentou uma especificidade suplementar da memória democrática latino-americana: aquela que sempre contribui um pouco para a tendência segundo a qual — embora o coração do povo e das elites se incline claramente para o lado da democracia — o estômago e as lembranças fragmentadas das ditaduras de ontem mantêm presente no pensamento a alternativa, calada por vergonha, do regime forte e militarizado (há também a solução intermediária, que é a eleição de um ex-ditador, como o general Banzer na Bolívia, ou de um democrata "autoritarizado" do gênero do presidente Fujimori no Peru).

Seja como for, esse conjunto de contradições, dominado apesar de tudo pelo ideal democrático, não pode ser encontrado no Leste europeu, salvo duas exceções: a da Tchecoslováquia, que dispensa comentários, e a da Eslovênia, menos conhecida porém marcada pelo seu passado austríaco e depois eurocomunista de tipo italiano. No mais, a Europa central e, em menor grau, a dos Bálcãs são, com nuanças que as diferenciam entre si, um "Ocidente seqüestrado", segundo a fórmula de Milan Kundera. Em outras palavras, há mais de um século que suas elites urbanas querem imaginar a região como ocidental, em vez de central ou oriental, sobretudo na Hungria e menos na Romênia, na Sérvia e na Bulgária. Um único senão: a esses "ocidentalistas" — também chamados de "urbanistas" na Hungria — opõem-se os "populistas" ou "agrarianos", que por sua vez repudiam a sua ocidentalidade, recomendam-se de uma especificidade histórica e política distinta e, durante muito tempo, foram a maioria. Olhando para um período extenso, o contraste fica nítido, por conseguinte, entre o imaginário democrático que prevalece há mais de um século na América Latina e a nostalgia de um Estado paternalista-autoritário que acomete o leste e o centro da Europa.

Prosseguindo na perspectiva secular, outra diferença maior ainda separa o Leste europeu do "Extremo-Ocidente" latino-americano. Além da memória da rotatividade fatal da democracia e do autoritarismo, que deu aos latino-americanos a impressão de que, se a primeira era mesmo em princípio o regime que melhor lhes convinha, no entanto ela permanecia inevitavelmente condenada a desmoronar por causa de suas dissensões e de suas ambições excessivas, o segundo traço mais significativo da democratização na América Latina diz respeito à questão da desigualdade. Comparada com qualquer outra parte do mundo, industrializado ou não, a América Latina as ultrapassa todas, tanto na questão da desigualdade da riqueza quanto no problema da segurança pessoal. E isso não apenas em função da memória do passado, mas de um presente que parece perpetuar outra fatalidade, vivenciada de maneira ainda mais dolorida do que a da alternância de governos representativos e governos militares. O cenário desse triste recorde é bem conhecido. Finalmente, a antigüidade da tradição democrática na América Latina revela-se quase que análoga à da Europa ocidental e certamente não apresenta muito mais acidentes de percurso que a da Alemanha, por exemplo. No entanto, essa tradição não desencadeou, como nos países do Velho Continente, um processo de compensação da brutalidade desigualitária do liberalismo, que lá se traduziu na criação do Estado previdenciário. Não produziu garantias de proteção social em proveito da maioria formada pelos mais pobres. Para retomarmos as velhas categorias de Terence Marshall (1950), se a cidadania jurídica e depois a cidadania política se instalaram aos poucos na América Latina, a cidadania social mal lhes sucedeu, salvo algumas exceções. Além disso, tais exceções não foram necessariamente criadas pela democracia no sentido usual. Mais precisamente, se um arremedo de Estado previdenciário apareceu no Uruguai e na Costa Rica sob a égide da democracia, tal não foi o caso na Argentina nem no México, onde regimes populistas, muito diferentes entre si, aliás, estiveram na origem dos benefícios sociais, tampouco na Bolívia e em Cuba, onde resultaram de revoluções pouco conformes com o modelo pluralista.

Obviamente, tais carências e especificidades se explicam em parte à luz do estado econômico de um subcontinente desprovido dos meios exigidos para o desenvolvimento de um Estado previdenciário pleno. Mas essa desvantagem material, que aliás contribuiu para o esgotamento do modelo assaz socialdemocrata do Uruguai, e também o desabamento, mais recente, do social-populismo mexicano não deixaram de acompanhar-se, na América Latina, de um fenômeno mais típico e determinante: as elites dominantes da região raramente se conscientizaram da sabedoria estratégica de ceder um pouco no campo da redistribuição da riqueza para melhor proteger a sua posição fundamental, como as suas homólogas européias já fizeram. Pelo contrário, erigiram em espantalho quaisquer veleidades de reforma agrária. Em termos mais gerais, sua resistência a qualquer precaução reformista de distribuição da riqueza as expôs a um risco máximo de subversão social, ainda que acreditassem estar se protegendo do perigo pela sua atitude extrema de tudo ou nada. É por esse motivo que na América Latina, ao contrário daquilo que se verificou na Europa, a democracia social não veio complementar a democracia política nem legitimá-la na percepção das massas pobres. Tal situação persiste, num contexto singularmente piorado pela depressão mundial e pela necessidade de drásticos ajustes estruturais (que não se devem confundir com o detalhe dos planos de ajuste estrutural do Fundo Monetário Internacional).

Solucionado pelo nivelamento comunista e ainda mal esboçado pela introdução ou reintrodução de uma economia de mercado bastante selvagem, esse desafio persistente da desigualdade não se manifesta contudo na Europa central e oriental. Nesse caso, a estatização comunista de todas as instâncias e a uniformização forçada dos modos de existência individuais geraram uma sociedade ultradisciplinada, seguramente amorfa e anômica porém nivelada, tanto no campo material quanto no cultural ou até mesmo estatutário. Nas sociedades pós-comunistas, a desigualdade é apenas uma vaga lembrança do passado, alimentada por demagogos aos quais interessa embelezar o seu próprio passado; ou, ainda, ela nutre certo medo do futuro entre populações homogêneas, zelosas de qualquer sinal de mobilidade ascendente. Em compensação, os habitantes da Europa central e oriental possuem uma singularidade própria, diferente, reforçada pela experiência totalitária e pós-totalitária de que já falamos. Simplificando exageradamente os traços, diremos que, se eles geralmente reverenciam a democracia em palavras, a maioria no fundo aspira à manutenção ou à restauração de um Estado tutelar que lhes ofereça a segurança de uma vida cuja mediocridade pouco importa, desde que seja garantida, e os dispense de tomar qualquer iniciativa individual que seja. Tal disposição já fora observada entre os súditos cristãos do Império Otomano ou sob o jugo da administração austro-húngara. Foi deliberadamente alimentada pelos Estados independentes dos anos 1918-44. E nesse terreno bem preparado, salvo em alguns países ou ambientes excepcionais, ainda deixa uma marca profunda depois de ter alcançado o seu paroxismo na época comunista.

Esse fenômeno deve ser levado em conta na avaliação do presente. A esse respeito, ainda que bons espíritos ironizem por conveniência um tanto mundana essa distinção e a vacuidade de todos os "ismos" em geral, uma diferença capital ainda separa as duas heranças ditatoriais específicas da América Latina e da Europa central e oriental. O autoritarismo que marcou a América Latina nada tem a ver com o totalitarismo nem com o pós-totalitarismo que pesaram sobre a Europa comunizada. Por conseguinte, os sinais que deixaram só podem revelar-se em sua total dissemelhança. Nessa perspectiva, os ex-países comunistas desfrutam, em confronto com os países latino-americanos, de uma vantagem comparativa "herdada" que se soma àquela já proveniente da relativa homogeneidade igualitária de suas sociedades. Salvo alguns acidentes observáveis na Rússia, a instituição militar remodelada e domesticada pelo Estado-partido hegemônico aprendeu a respeitar a superioridade do poder civil, o que não era o caso antes de 1944 ou 1917. Esse elemento deveria, em princípio, representar para eles um trunfo decisivo para uma democratização efetiva, enquanto a América Latina permanece, nesse nível, sob o peso de um poder de veto implícito ou explícito do Exército (hoje ainda explícito no Brasil e no Chile, entre outros). Em compensação, os antigos países comunistas têm uma desvantagem em relação às repúblicas latino-americanas em quase todos os demais níveis da herança recebida dos regimes não-democráticos anteriores.

Hoje em dia, insiste-se muitas vezes na sobrecarga ocasionada pelas múltiplas reformas que têm de ser efetuadas ao mesmo tempo no Leste europeu, sem que no entanto se fale da origem de tal sobrecarga. Mas é de fato a natureza totalitária dos sistemas que pesou sobre os Estados ex-comunistas que hoje os obriga a proceder a uma imensa reforma global (a esse respeito, a evolução pós-totalitária nada mudou). É ela que faz com que, nesses países, na maioria das circunstâncias, a democracia política continue parecendo menos importante do que as mudanças radicais que têm de ser realizadas no campo econômico para se chegar à substituição da economia de comando pela economia de mercado. Não é só isso. A refundação das sociedades decaídas poderia implicar que essa nova economia de mercado permita recuperar o mais rapidamente possível interesses efetivos capazes de lhe dar a substância igualmente indispensável à expressão de um verdadeiro pluralismo dos interesses no plano político. Ora, a improvisação e a urgência que reinaram após 1990 se traduziram numa espécie de seqüestro que, exercido sobre as empresas pelos setores financeiros ou industriais das ex-*nomenklaturas*, nada tinha a ver com a emergência de interesses econômicos em sentido normal. Por outro lado, esse trabalho de reconstrução social a partir do zero exigia também a reinvenção de um sistema de valores que teriam de ser inculcados em populações que, sob o comunismo, haviam perdido toda crença e toda norma coletiva, salvo as da linguagem de sentido duplo, do jeitinho delinqüente, do estreito fechamento sobre a célula familiar, em suma, da sobrevivência baseada na falta de civismo. Finalmente, para voltarmos ao nível político, o desafio fundamental proposto a muitos países do Leste europeu foi menos proveniente das dificuldades da própria democratização do que das diferentes condições prévias: as da reconstituição de um Estado dotado de autoridade suficiente para impor-se como árbitro num contexto de competição desenfreada por riqueza e também para demonstrar, por meio de suas ações, a sua legitimidade perante a população. Em outras palavras, Estados incapazes de restaurar uma ordem mínima não podiam legitimar-se pela simples proclamação de um rótulo democrático, por sinal assaz discutível. Ora, em muitos casos, tudo funcionou contra esses Estados. Primeiro, o fato de que, no regime comunista, a confusão entre Estado e partido levou à rejeição indiscriminada da autoridade do Estado após 1990. E também o fato de que os novos governos foram visivelmente açambarcados por uma sonsa coalizão de *apparatchiks* mal reconvertidos e de demagogos populistas, como na Rússia ou na Romênia, ou ainda por rodas alternantes de profissionais da política e, novamente, de *apparatchiks*, como na Croácia, na Polônia, na Eslováquia, na Eslovênia ou nos países do Báltico.[7] Finalmente, como poderiam as populações ter recuperado a confiança no Estado, se este havia perdido até mesmo a base territorial que lhe garantia o assentamento primordial, como aconteceu na ex-Iugoslávia ou no antigo espaço soviético?

Os regimes "apenas" autoritários da América Latina não haviam, por sua vez, gerado tais situações inextricáveis, e os marcos negativos de sua herança só dizem respeito ao registro da reforma política, mais precisamente ao problema do direito de veto que o Exército muitas vezes continua se atribuindo. Em compensação, a reforma econômica especialmente identificada com os planos de ajuste estrutural só constitui uma limitação inoportuna para as democracias renascentes, a não ser que pensemos nas perturbações muitíssimo mais drásticas que de um lado remetem à extinção do "neomercantilismo", tal como definido por Hernando de Soto (1987), e de outro à decisiva erradicação da desigualdade. Mas é preciso então convir que tais desafios independem da natureza dos regimes de governo e, sobretudo, não representam uma herança específica do autoritarismo militar. No entanto, o Leste europeu recupera a vantagem em outro ponto, que não mais diz respeito aos obstáculos oriundos do regime precedente, e sim às modalidades de passagem desse regime para a democracia ou algo parecido. O modelo das

---

[7] Ver Highley & Pakulski, 1995.

transições latino-americanas tem sido há muito o dos pactos de garantia recíproca entre os antigos governos autoritários e a oposição democrática, com todas as facilidades de mudança organizada, sem vencedores nem vencidos, oferecidas por essa fórmula, mas também com todas as coerções limitativas da democracia que ela implica, como se vê no exemplo chileno. Ora, a Europa central e oriental ignorou — em grande parte foi forçada a isso — essa solução do pacto, que foi apenas esboçada, sem êxito, na Hungria e na Polônia em 1988/89, mas que é impensável em outros lugares. Se não obteve as suas vantagens, hoje essa parte da Europa tampouco está sofrendo os seus inconvenientes.

Entre os já assinalados, há pelo menos um último contraste entre as democratizações latino-americanas e pós-comunistas, o qual está relacionado com as revisões ideológicas opostas que as acompanharam. No Leste europeu, era imensa a divergência entre a metaideologia totalitária com pretensão teleológica do comunismo e o universo doutrinal mais flexível do liberalismo democrático, enquanto na América Latina a ideologia dos democratas mais progressistas não parecia estar tão longe assim da ideologia dos "autoritários", ainda que o afastamento fosse real. Nessas condições, a reação dos agentes da democratização nos ex-países comunistas geralmente se traduziu na absoluta rejeição do conceito marxista de porvir da sociedade, na medida em que esse conceito era por demais poderoso para se aplicar a qualquer conciliação que fosse. Mas, no sentido oposto, a menor distância entre visões antagônicas favorece a sua acomodação recíproca nos países da América Latina. Radicais, e inicialmente até mesmo convertidos ao mito da revolução e da ação armada, os intelectuais latino-americanos evoluíram, desde meados dos anos 1970, em direção àquilo que Javier Santiso (1997), entre outros, depois de Albert Hirschman, chamou de "possibilismo". Retomando, talvez sem saber disso, o juízo de Tocqueville sobre os danos que poderiam ser causados pelos que qualificava de "amantes excessivos" da democracia, os intelectuais admitiram que o seu antigo projeto de passagem imediata para a democracia socialista era na verdade o obstáculo que até então os havia impedido de consolidar a democracia, seja qual for. Tornaram-se moderados, praticantes da prudência política que recomendava um processo por etapas sucessivas, curados talvez de suas antigas utopias e finalmente convertidos aos méritos modestos porém insubstituíveis da democracia pluralista que outrora definiam como um subterfúgio da dominação burguesa. Resumindo: à medida que os governos militares e seus partidários descobriam, por sua vez, de maneira simétrica, que o autoritarismo não mais era viável no contexto da depressão econômica dos anos 1980 e da globalização, os dois campos encontraram-se no meio do caminho, na América Latina. Já no Leste europeu, os membros das *nomenklaturas* de todo tipo tiveram ou de retratar-se, fantasiando-se de democratas ou socialdemocratas, ou de reconverter-se no setor econômico, tomando conta dele, ou, ainda, no caso dos mais velhos, de retrair-se em exílio interior.

Esses desenvolvimentos invertidos podem ser interpretados como paradoxo.[8] É mais lógico, porém, referi-los precisamente à extensão muito desigual das distâncias existentes entre os dois universos ideológicos passados e presentes, próprios dos países da Europa central e oriental, de um lado, e dos da América Latina, de outro. Se um paradoxo permanece, seria antes a conseqüência desses encaminhamentos. No Leste europeu, por serem obrigados a se curvar aos cânones da democracia, os jovens *apparatchiks* oriundos especificamente dos anexos sindicais ou associativos do partido único muitas vezes tiveram tanto êxito em seu empreendimento de denegação que, rebatizados de socialistas, não apenas recobraram a honorabilidade política, mas também, sem esperar muito, ganharam as eleições que lhes permitiram a volta ao poder (conforme, é verdade, a nova lógica da alternância democrática, principalmente na Hungria, na Polônia, na Bulgária, na Albânia ou nos países do Báltico). No entanto, esse não foi o caso dos ex-autoritários moderados da América Latina, excetuando-se o caso bastante peculiar do general Banzer na Bolívia ou a situação das mais impuras que prevalece no Paraguai.

As semelhanças

A meu ver, embora fundamentais, as diferenças entre as trajetórias latina e pós-comunista de democratização não excluem semelhanças parciais ou, mais ainda, paralelismos ambíguos. O primeiro desses paralelismos nasce da contradição que hoje opõe, ou opôs até bem pouco tempo atrás, as exigências e coerções da passagem para a democracia ou da reforma política para a reforma econômica e social. Tal contradição quase não necessita de comentários quando se trata de um país do Leste europeu, onde o desafio representado pela edificação simultânea de um regime de liberdade e de uma economia de mercado foi repetidamente sublinhado, entre outros, por Adam

---

[8] Ver Bunce, 1995a e 1995b.

Przeworski (1991) e Jon Elster (1993). Vale dizer: nos países onde a reforma econômica requeria um "choque terapêutico" brutal,[9] único capaz de produzir benefícios rápidos, mas que a curto prazo poderia também levar ao imediato colapso das condições de vida e de segurança da população, a reforma política parecia exigir mudanças lentas, graduais e indolores para essa mesma população, que, do contrário, poderia julgar que o advento da democracia só servira para mergulhá-la na miséria. Essa opinião, com a correção introduzida pela experiência da primeira metade dos anos 1990, era tão generalizada que as rápidas mudanças econômicas observadas em certos países outrora comunistas da Europa central não chegaram a provocar efeitos políticos desastrosos, pois, na realidade, mudanças semelhantes ocorreram em outros países onde a transição para a economia de mercado permaneceu lenta e hesitante.[10] Por exemplo, os ex-comunistas reciclados voltaram ao poder através de eleições regulares, tanto na Polônia, onde o amargo remédio da liberalização dos preços e das privatizações aceleradas fora duramente experimentado, quanto na Hungria ou na Bulgária, onde a mudança econômica demorou a tomar jeito. Mas o fato de que esse dilema da sincronização ou não da agenda de ambas as reformas sabidamente mobilizou as mentes do Leste não significa que não tenha havido igual contradição entre a lógica da democratização e a da reforma econômica na América Latina, ainda que ela não esteja formulada com idêntica urgência. A longo prazo, na América Latina, a contradição entre tais objetivos jamais deixou de assumir duas formas não raro simultâneas. De um lado, uma descambada prematura para uma democracia social-redistributiva causando a falência da economia e a volta ao autoritarismo. De outro, a forma mais atual de uma democratização que, intervindo num perigoso contexto de austeridade e ajuste estrutural, provoca quase que inevitavelmente o exagero populista.

De modo geral, a rivalidade entre os democratas respeitosos do decoro político usual e os populistas que o desprezam sempre constituiu outro ponto comum entre o Leste europeu e a América Latina. É inútil descrever essa tradição, e muito menos as múltiplas versões do populismo latino-americano. No entanto, convém lembrar a tradição populista não menos óbvia dos países do Leste europeu: agrária na Bulgária e na Hungria; nacionalista ou operária-católica na Polônia, com o marechal Pisuldski e Lech Walesa; étni-

[9] Ver Sachs & Warner, 1990.

[10] Ver Äslund et alii, 1996.

ca e religiosa na Sérvia; ou até hoje reunindo todas as variedades possíveis na Romênia. Em ambas as zonas, os populistas jamais deixaram de denunciar as torpezas, a hipocrisia e a traição dos profissionais da democracia representativa, opondo à abstração e aos enganos desta uma democracia comunitária viva, encarnada por um outro grande vulto providencial. Disso resulta uma constante. Na América Latina, assim como na Europa central ou oriental, as massas muitas vezes vêem a democracia como a liberdade de entregar o seu destino, de olhos fechados, a um chefe paternal com o qual mantêm uma relação afetiva e do qual esperam milagres. Essa tendência alimenta os surtos genuinamente populistas. De maneira mais disfarçada, contribui também para favorecer a concepção da "democracia delegativa" de que fala Guillermo O'Donnell (1994); em outras palavras, uma concepção passiva e mágica do exercício da cidadania.

Num plano bem distinto, a América Latina e o Leste europeu apresentam mais uma analogia, que os analistas das democratizações tendem a desconhecer por dogmatismo acadêmico. Trata-se da influência exercida pela memória do passado sobre as mudanças políticas — mais precisamente, o viés errôneo que, nesse ponto, "transitólogos" e "consolidólogos" mantêm. Focalizada em primeiro lugar na América Latina, a transitologia, como paradigma metodológico, privilegiou posições inspiradas pelas teorias da ação estratégica e do individualismo metodológico revistas por Schelling e Goffman, por exemplo. Posições somente interessadas no tempo imediato e que por conseguinte desprezavam o passado, julgado imponderável. Só mais tarde, com as transições no Leste europeu, é que a perspectiva se inverteu sob a influência de conhecedores da região que, por sua vez, estavam mais ligados à disciplina histórica especialista dos eslavos. Mas, na realidade, essa virada simplesmente circunstancial permanece tímida e por demais controversa para levar em conta o fato de que a memória e sobretudo os sulcos escavados pela antiga institucionalização das normas e práticas políticas continuam atuando como determinantes essenciais em ambas as regiões. A *path dependency* dos neo-institucionalistas históricos na linha de Sven Steinmo vale para ambos os campos. Para se convencer disso, basta observar o paradoxo apenas aparente pelo qual o fracasso da tentativa de democratização outorgada pelo general Figueiredo não impediu a Nova República brasileira de se consolidar em seu equilíbrio conservador atual, quase conforme ao desejo dos militares.

Por fim, uma última similitude, tão importante que poderia servir de conclusão. Tanto as democratizações latino-americanas quanto as pós-comunistas sofrem a mesma coerção de tempo encurtado, acrescida da mesma pressão inflexível daquilo que Michael Walzer (1997), aludindo às imperiosas religiões monoteístas, chama de universalismo da "lei sobranceira". As velhas democracias se edificaram por saltos sucessivos ao longo de períodos muito extensos e, poder-se-ia dizer, sem avaliação externa. Além disso, como mostra Kenneth Bollen (1991) ao escrever que os governos democráticos são julgados "pelo seu grau de presença da democracia", elas continuam se definindo em função desse tempo prolongado e desse mecanismo indefinido de aperfeiçoamento. Pois, esquecendo de onde vêm, as antigas democracias exigem das mais recentes que ascendam de repente a um nível de excelência abusivamente considerado universal, embora não se possa encontrá-lo em qualquer lugar que seja. O "caso Pinochet" confirmou essa pretensão no outono de 1998, como que sugerindo que as lógicas "transicionais" doravante estão sendo condenadas não por aqueles que as viveram ou estão vivendo, mas por aqueles que, longe dos lugares onde as democratizações estão se processando, querem ignorar os seus contextos e, em todo caso, não terão de sofrer os efeitos de suas imposições bem-intencionadas, missionárias e indiferentes às conseqüências, ao mesmo tempo que totalmente discutíveis no que diz respeito à sua oportunidade.[11]

Referências bibliográficas

Äslund, A. et alii. How to stabilize: lessons from the post-comunist countries. *Brookings Papers on Economic Activity, 25*(1), 1996.

Bollen, K. Political democracy: conceptual and measurement traps. *Studies in Comparative International Development* (25):13, Spring 1991.

Bunce. Can we compare democratization in the East versus the South? *Journal of Democracy, 6*:87-100, July 1995a.

______. Should transitologists be grounded? *Slavic Review* (53):11-137, Spring 1995b.

De Soto, H. *El otro sendero.* Bogotá, Oveja Negra, 1987.

Di Palma, G. Legitimation from the top to civil society. In: Bermeo, N. (ed.). *Liberalization and democratization: change in the Soviet Union and Eastern Europe.* Baltimore, Johns Hopkins, 1992.

Diamandouros, P. N. & Larrabee, F. S. *Democratization in Southeastern Europe: theoretical considerations and evolving trends.* Madrid, Instituto Juan March de Estudios e Investigaciones, 1999.

[11] Ver Hermet & Santiso, 1999.

Elster, Jon. The necessity and impossibility of simultaneous economic and political reforme. In: Elster, J.; Greenberg, D. & Slagstad, R. (eds.). *Constitutionalism and democracy: transitions in the contemporary world*. Oxford, Oxford University Press, 1993.

Garretón, M. A. *Reconstruir la democracia*. Santiago, Andante, 1987.

Gunther, R.; Diamandouros, P. N. & Puhle, H. J. O'Donnell's illusions. *Journal of Democracy*, 7(4):151-9, Oct. 1996.

Hermet, G. *Aux frontières de la démocratie*. Paris, PUF, 1983.

______. *Sociologie de la construction démocratique*. Paris, Economica, 1986.

______. From one Europe to the other: from liberal authoritarianism to authoritarian democratization. In: Éthier, D. (ed.). *Democratic transition and consolidation in Southern Europe, Latin America and Southeast Asia*. London, McMillan, 1990. p. 25-44.

______ & Santiso, J. L'affaire Pinochet. *Commentaire* (85):113-9, Printemps 1999.

Highley, J. & Gunther, R. (eds.). *Elites and democratization in Latin America and Southern Europe*. Cambridge, Cambridge University Press, 1992.

______ & Pakulski, J. Elite transformation in Central and Eastern Europe. *Australian Journal of Political Science* (30):419-35, Oct. 1995.

Karl, T. L. Dilemmas of democratization in Latin America. *Comparative Politics*, *23*(1):1-21, 1990.

Kircheimer, O. Confining conditions and revolutionary change. *American Political Science Review*, *59*:964-74, Dec. 1965.

Linz, J. J. *The breakdown of democratic regimes*. Baltimore, London, Johns Hopkins University Press, 1978. v. 1.

Marshall, T. H. *Citizenship, social class, and other essays*. Cambridge, Cambridge University Press, 1950.

O'Donnell, G. Delegative democracy. *Journal of Democracy*, *5*(1):55-69, Jan. 1994.

Przeworski, A. *Democracy and the market*. Cambridge, Cambridge University Press, 1991.

Putnam, R. S.; Leonardi, R. & Nanetti, R. Y. *Making democracy works: civic traditions in Italy*. Princeton, Princeton University Press, 1993.

Rustow, Dankwart. Transitions to democracy: towards a dynamic model. *Comparative Politics*, *2*(3), Apr. 1970.

Sachs, J. & Warner, A. Creating a market economy in Eastern Europe. *Brookings Papers on Economic Activity*, *20*, 1990.

Santiso, J. Théorie des choix rationnels et rationalités des transitions démocratiques. *L'Année Sociologique, 47*(2):140-2, 1997.

Schmitter, Philippe C. & Karl, Terry L. What democracy is and is not. *Journal of Democracy, 2* (3), Summer 1991.

Therborn, G. The rule of capital and the rise of democracy. *New Left Review* (103):3-41, May/June 1977.

Walzer, M. *Pluralisme et démocratie*, Paris, Esprit, 1997.

Comentários

*Renato Lessa**

Foi com satisfação que percebi, logo no início da leitura do texto, a importância conferida pelo professor Hermet a questões de natureza teórica e metodológica. Tal ênfase pode parecer trivial, mas é muito bem-vinda, considerando a natureza do campo de reflexão ao qual se convencionou associar a idéia de transitologia. Trata-se de um campo que durante muito tempo foi povoado de microespecialistas, especialistas em casos, em países, em pedaços de países, em certos períodos de pedaços de países... Houve uma fragmentação muito exagerada dos objetos da investigação, dando-se pouco espaço para a reflexão a respeito do que exatamente fazíamos quando estávamos fazendo transitologia. Afinal, o que movia nossas energias intelectuais e conceituais quando tentávamos explicar alguma coisa? E aqui falo também um pouco de minha experiência como co-responsável por esse tipo de preocupação, já que o tema das transições se impôs a todos nós de modo incontornável.

O problema dessa fragmentação, além de sua pobreza teórica e de sua recusa a considerações de natureza metodológica, reside no fato de que o objeto era constituído de maneira extremamente fragmentada e movediça. Tal aspecto, em si mesmo, não é por definição problemático. Tornou-se crítico em função das pretensões cognitivas presentes nos exercícios de transitologia. A todo momento buscava-se *a* transição, *a* experiência transicional que poderia servir de modelo para iluminar outras transições. Durante muito tempo, por exemplo, a transição espanhola foi vista como *a* transição das transições. O Pacto de Moncloa, que incluiu desde cláusulas muito claras a respeito da organização político-partidária até, por exemplo, o terrível tema — imagino que fundamental na agenda espanhola — da descriminalização do adultério, foi apresentado como uma bem-sucedida experiência de transição, na medida em que teria permitido uma saída pacífica do autoritarismo e a configuração de uma nova experiência democrática. E assim ficávamos buscando um modelo que pudesse servir de explicação para os outros modelos, no sentido de revelar suas carências e particularidades. Assim, os ob-

* Professor de ciência política do Instituto Universitário de Pesquisas do Rio de Janeiro — Iuperj.

jetos se me apresentavam inevitavelmente como objetos fugidios, que escapavam à consideração mais sistemática. Uma "floresta de símbolos" — para evocarmos Victor Turner — se constituiu em torno de vasta terminologia e tipologia: transições pactuadas ou por ruptura, diferença entre transição e consolidação etc...

Compartilho plenamente do desconforto do professor Hermet com a transitologia e a consolidologia, ou seja, com toda transformação de temas específicos e pontuais em disciplinas intelectuais. Talvez seja essa a armadilha principal dos *case studies*: eles proliferam, mas dizem pouco para o *mainstream* das disciplinas das quais derivam. A proliferação, em certo sentido, é um sinal da vitalidade das disciplinas; por outro lado, é um pouco frustrante perceber que é muito pouco o que essas reflexões pontuais acrescentam ou podem acrescentar ao *mainstream* disciplinar, se o concebermos como um conjunto de tradições que nos ensinam a fazer perguntas sobre o mundo. Já que o mundo não se apresenta à nossa observação como dotado de inteligibilidade natural, é preciso saber perguntar. Tal sabedoria da pergunta é uma habilidade que se constitui a partir da imaginação e de investimentos de natureza teórica e metodológica, e não simplesmente a partir da fragmentação empírica, precisa e pontual na inquirição dos objetos e de seus segredos cada vez mais escondidos.

Creio que essa preocupação do professor Hermet traz novamente à baila um tema que é caro à tradição da filosofia política: a mudança política. Quer dizer, a transitologia como problema intelectual nada tem de novo, uma vez que, teórica e disciplinarmente, estamos trabalhando num domínio muito maior, que é tradicional e "fundacional" no universo da própria reflexão política: a mudança política. Assim, fica clara a advertência feita, a meu ver, pelo professor Hermet a respeito da necessidade de enfatizar a *longa duração*. Quer dizer, quando procuro explicar a mudança política que ocorreu no Chile, na Espanha, em Portugal, na Grécia ou na Turquia, tenho que me fazer as seguintes perguntas: de que fenômeno estou falando, de que fenômeno se trata? Será que o cenário jornalístico da transição, esse cenário diminuto, fenomenológico, imediato, é suficientemente nítido para ser captado como objeto singular? Ou será que é parte de um processo maior? Quando começa a transição?

Aqui não temos carbono 14 para fazer a datação dos objetos históricos — seria bom se tivéssemos, embora o carbono 14 também às vezes pregue suas peças. Mas não temos. Temos que tomar decisões, que em grande medida são arbitrárias, para determinar onde começamos. Mas que sejam criteriosamente arbitrárias, se me permitem o semi-oxímoro. Temos certa soberania, nem sempre muito bem fundamentada, sobre a diacronia e a sincronia, sobre quando começamos e sobre o que envolvemos na avaliação de momentos específicos nessa longa duração.

Esse é um ponto importante, que se traduz nesta pergunta singela e terrível: *de que se trata?* A meu juízo, o professor Hermet dá indicações bastante interessantes a respeito dessa pergunta. Já sabemos que não se trata de recolher pontualmente experiências transicionais, inclusive incorrendo em erros de precipitação. Ocorreu-me o seguinte, lendo o texto do professor Hermet: quem duvidaria, nos anos 1960, que o Chile e o Uruguai eram democracias consolidadas? Creio que todos nós passaríamos um atestado de consolidação democrática, se existisse esse documento cartorial, todos nós o subscreveríamos e talvez o estendêssemos ao Líbano. Por que não o Líbano? Um modelo "consociativo" de democracia multicultural, pluralista, a Suíça do Oriente Médio. Ou seja, a pergunta a respeito do que se trata é, entre outras coisas, um poderoso antídoto para precipitadas atribuições de sentido a processos que não são devidamente observados. A longa duração, portanto, se impõe como condição inclusive de percepção da curta duração.

Então, de que se trata? Seguindo as pistas do professor Hermet, creio que se trata de reconhecer imensos deslocamentos macropolíticos que estão presentes no século XX. E que por conforto analítico e por homenagem a Tocqueville nós chamamos de *democratização*, de *processos de democratização* que não são específicos à América Latina ou ao Leste europeu, e sim coextensivos ao que hoje chamamos de experiência democrática. Nesse sentido, a segunda parte do texto do professor Hermet é muito elucidativa porque, ainda que rapidamente, faz referência a adaptações precisas presentes no que Dahl chamaria de percursos poliárquicos, encontrados em vários países e fortemente associados à extensão do sufrágio. Ou seja, trata-se de um processo disseminado, consistente num conjunto de transformações macropolíticas e que caracteriza o nosso século.

E quais são as dimensões desse processo? Creio que a referência a Robert Dahl é aqui inevitável. Seu modelo é ao mesmo tempo simples, muitas vezes excessivamente simples, e elucidativo. Trata-se de um megaprocesso de incorporação da população ao processo político, que se dá em diferentes países, com diferentes ritmos e direções, com retrocessos e avanços; e trata-se, ao mesmo tempo, da organização da participação política através de certas escolhas institucionais: sistemas eleitorais, formas de governo, organização do Judiciário, entre outras que, no modelo dahlsiano, herdado da perspectiva huntingtoniana, se localizariam no eixo da institucionalização da competição política. É um megaprocesso que se difunde, pelo menos para grande parte do Ocidente, a partir do século XX. Essa é a moldura que está presente no sensato argumento de Dahl, segundo o qual nenhuma ordem política democrática hoje existente nasceu democrática. É uma boa descoberta analítica — tão simples quanto o ovo de Colombo — a idéia de que em algum momento essas sociedades não tinham incorporação política nem organização institucional do conflito; estavam na origem, no ponto zero da estruturação política.

Nessa perspectiva de bom senso, a ordem de investigação que se impõe é tentar entender os trajetos descritos pelas sociedades que fizeram esse trânsito para a democracia e em que medida tais trajetos estão disponíveis para as sociedades que não o fizeram. Essa perspectiva impõe como tarefa intelectual incontornável a investigação comparada, no que ela tem de difícil e de imperiosa.

Em suma, podemos dizer que o reconhecimento da longa duração como perspectiva metodológica e a percepção de que estamos tentando refletir sobre uma agenda macropolítica mais geral para este século exigem uma nova maneira de descrever nossos objetos. Esses objetos não podem mais ser descritos jornalisticamente, em termos das intenções imediatas dos atores, do pequeno cálculo estratégico de um ator que dispõe de certos recursos de poder numa dada conjuntura. Ou seja, numa palavra, indicações de natureza conjuntural não mais podem servir como evidências exclusivas ou nobres, não se a nossa pergunta analítica estiver estruturada por estas duas perspectivas: o reconhecimento da longa duração e o reconhecimento de que se trata de um processo macropolítico de corte universal. Assim, nessa tentativa de redescrever os nossos objetos, a principal questão diz respeito aos processos pelos quais o passado estrutura o presente — ou, evocando Tocqueville, os modos pelos quais a história prepara, colhe e recebe o acaso.

A consideração do caso brasileiro me parece fundamental para entender o que nós, em algum momento, chamamos de transição. Para entender, por exemplo, como a experiência autoritária, ao contrário das outras experiências autoritárias na América Latina e mesmo na Europa meridional, foi profundamente positiva no sentido de reconfigurar a vida social. A comparação com as experiências chilena, argentina e uruguaia é absolutamente escandalosa. Saímos do período autoritário em 1985 com uma sociedade inteiramente reconfigurada nas suas identidades básicas. Eis um exemplo notável de uma sociedade que se moderniza num período muito curto, mas onde ao mesmo tempo nem as transformações produzidas nem os atores sociais ou as identidades coletivas geradas encontram mecanismos de proteção institucional — refiro-me basicamente ao mecanismo de representação política. De certo modo, isso evoca a experiência que Polanyi descreve no século XIX, a experiência do moinho satânico, de uma sociedade que se reestrutura inteiramente ao mesmo tempo em que a sua projeção político-institucional não revela no mundo público a natureza das transformações estruturais que ela está fazendo.

Estou falando de cicatrizes, de *constraints* que se apresentam para o futuro. O que importa, ao se indagar do passado, não é apenas saber se os militares exercem ou não tutela sobre a democracia no Brasil, nem conhecer suas doutas opiniões sobre o que venha a ser a transição ou a democracia. A meu ver, isso é secundário como evidência analítica. O que importa saber é que processos geológicos tectônicos, se me permitem o exagero da metáfora, se estruturam em certos países — uso aqui o Brasil apenas como exemplo — e vão operar como interpelações incontornáveis para qualquer tentativa de reconstrução política futura.

A essa idéia do passado preparando alguma coisa para o futuro podemos até acrescentar outras referências, ainda nos limites da experiência brasileira. Entre 1966 e 1984, o eleitorado brasileiro teve suas maiores taxas de crescimento. Historicamente, o eleitorado brasileiro surge como universo significativo com a "proclamação da República", ocorrida, como sabemos, em 1946. A sociologia paulista chama de "república populista" o experimento feito naquele ano. Prefiro designá-lo como "república democrática", a despeito de seus limites. Em 1946, houve uma experiência inequívoca de alargamento do eleitorado. Mas a explosão demográfica do eleitorado vai se dar após 1966. É, pois, uma explosão que coincide com a erosão dos mecanismos de proteção institucional da própria sociedade através da representação, ou seja, incorporação política sem democracia. E aqui Dahl não nos serve mais para muita coisa: formalmente, temos um mecanismo poliárquico, está todo mundo incorporado. Mas essa incorporação não tem como projeção necessária a presença de mecanismos de participação política, de representação. E isso conferindo à democracia um sentido absolutamente minimalista, sem incorporar outras exigências que seriam aqui perfeitamente cabíveis.

Não quero fazer "brasiologia", o que pode ser tão intolerável quanto a transitologia. Apenas tomo aqui o Brasil como um exemplo de como essa indagação a respeito da longa duração pode ser importante. E a longa duração só faz sentido quando se leva em consideração exatamente este ponto: em que medida o passado faz sentido para se entender os limites e as oportunidades do presente. Pois, se não fizer sentido, a longa duração fica apenas como marca de uma preferência filosófica, literária ou estilística perfeitamente dispensável.

Para finalizar o comentário, e focalizando um pouco os aspectos que o professor Hermet menciona para estabelecer a comparação entre a América Latina e o Leste europeu, parece-me que os indicadores escolhidos para determinar semelhanças e contrastes são ainda referidos à fenomenologia canônica dos estudos de transição. Isso a despeito da ênfase antes conferida à longa duração e à idéia de que aquilo que chamamos de transição talvez pertença a uma ordem mais ampla de fenômenos. Não sei se estou fazendo um juízo muito injusto, mas algumas referências presentes no texto têm esse sabor, como por exemplo a menção à percepção das elites em relação à democracia como valor. A não ser que isso seja colocado numa perspectiva temporal muito dilatada, o problema pode ser traduzido na linguagem da transitologia clássica, tentando-se focalizar, nesse particular, o apego ou o desapego das elites no momento em que se dá a transição. Pergunto-me se outros indicadores de natureza mais histórica, de mais longa duração, não poderiam ser acrescentados a essa listagem sugerida como suficiente para fazer a comparação. Enfim, é mais uma dúvida e muito menos uma diferença substantiva com relação à análise feita, cujos contornos e conclusões eu acato inteiramente. E, num comentário mais pontual com relação às diferenças e semelhanças apontadas pelo professor Hermet, eu não seria tão otimista com relação à idéia, por exemplo, de que na América Latina haveria uma adesão mais difundida, quase universal, à democracia como projeto, como valor, como forma de construção institucional. Creio que isso vale pouco para o Chile, vale pouco para o Uruguai, vale pouco para a Argentina, do ponto de vista dos atores que conduziram o processo de ruptura com a democracia. Nos casos argentino, chileno e uruguaio — evidentemente, tudo isso é muito discutível —, parece-me que a coalizão golpista foi claramente marcada por uma perspectiva de destruição da democracia, diferentemente do que ocorreu no Brasil. Prova disso é que, naqueles países, a prática eleitoral durante a ditadura foi eliminada. No Brasil, por alguma razão que a nossa disciplina não explica — talvez a psicanálise possa explicar —, os militares continuaram a emitir o título de eleitor e mantiveram o voto obrigatório. Para uma ditadura que se pretendia desmobilizadora e crítica do chamado "populismo", é algo realmente curioso. Portanto, creio que é preciso relativizar essa suposição de que por essas plagas a democracia valia muita coisa...

Outro ponto importante são as diferenças em termos de heranças ditatoriais, tanto no caso da América Latina quanto no caso do Leste europeu. Pelo que pude entender, a diferença fundamental entre as agendas da democratização no Leste europeu e na América Latina residiria no fato de que nesta última tal agenda praticamente se limitou ao tema da reforma política, da redemocratização política da sociedade, ao passo que no Leste europeu foi necessário todo um processo de reconfiguração social. A meu ver, pelas razões que apresentei ao mencionar o caso brasileiro, podemos dizer que também em nosso país essa agenda não se limitou apenas à reforma política, na medida em que a sociedade brasileira saiu do experimento autoritário muito diferente, reestruturada nas suas rotinas tradicionais. Creio mesmo que é possível perceber em diferentes países da América Latina uma agenda de mudança, de redemocratização, que vai além de meros temas de reforma política.

Finalmente — e esse finalmente não faz nenhuma justiça ao esforço analítico, empírico e intelectual presente no texto do professor Hermet, que exigiria um comentário muito mais competente e detalhado —, eu gostaria de levantar o seguinte problema. O professor mostrou-nos as razões das diferenças e as razões das semelhanças. Creio, porém, que as razões da semelhança aproximam a América Latina não apenas do Leste europeu, mas também de todas as democracias existentes, na medida que nelas há um contraste entre o tema da democracia política e o tema da reforma econômica. Esse é um ponto crucial para o Brasil, para a Alemanha, para a África do Sul, para diversas sociedades que vivem a esquizofrenia desse modelo macropolítico implantado no século XX, um modelo que combina igualdade e isonomia políticas com as exigências recentes de reconfiguração do mundo econômico, de modo a transformá-lo num universo pré-polanyiano. Ou seja, a loteria no plano econômico, e a incorporação no plano político: um experimento claramente esquizofrênico. Se eu fosse pessimista, diria que isso não pode dar certo; como sou cético, pergunto-me o que pode acontecer — há uma diferença com relação a essas coisas. Mas parece-me que essa é uma agenda comum àquilo que, por conforto terminológico, chamamos de democracias. Em todas elas, o tema da reforma política democratizante é problemático para o tema da reforma econômica em curso. A convivência é muito complexa.

Uma última palavra sobre a questão da rivalidade entre os democratas respeitosos das conveniências políticas e os líderes populistas. Devo dizer que cada vez sei menos o que significa populismo no caso brasileiro. Populismo pode ser, por exemplo, uma representação folclórica de políticos que tinham certos estilos de relação direta com sua base eleitoral e comportamentos absolutamente risíveis — se vistos a distância, evidentemente. E é interessante observar a mudança do conceito, que cada vez mais se aplica a qualquer tipo de proposta que tenha qualquer tintura redistributiva. Tome-se um tecnocrata sem nenhuma ligação com sua base eleitoral, nenhuma conexão eleitoral, nenhum envolvimento com *pork barrel* ou coisas do gênero: se estiver tecnocraticamente propondo redistribuição, será considerado populista no jargão contemporâneo. Trata-se, pois, de uma categoria absolutamente fugidia. No caso brasileiro, fez o desserviço — grave, a meu ver — de desqualificar o experimento democrático de 1946, do qual, analiticamente, nós acadêmicos temos hoje vergonha. Pois digo que me envergonho dessa vergonha. Parece que um certo *weimarismo* intelectual se abateu sobre nós. Assim como Weimar foi condenada porque "preparou" — ou, melhor dizendo, "sofreu" — o nazismo, a República de 1946 é interpelada quando acaba. Ou seja, essa república foi fundada para acabar como acabou. Chamemo-la de populista. Qualquer exercício de análise comparada — desde que isento de qualquer espírito de vingança contra a Revolução de 1932 — poderia perceber na República de 1946 um percurso poliárquico comparável ao da Bélgica no início do século ou da Suécia na década de 1920, na medida em que ali começou-se a incorporar a população ao processo político, começou-se a organizar a vida partidária. Na verdade, não foi dada àquela república uma coisa fundamental: tempo. Mas esse é um juízo contrafactual, que não devo nem tenho que sustentar. O ponto que eu gostaria de ressaltar é que talvez a clivagem fundamental não seja entre democratas respeitosos das conveniências e líderes populistas, e sim entre democratas e não-democratas. Essa é uma clivagem mais clássica.

Capítulo 2

A democracia brasileira: uma democracia em xeque*

*Barry Ames***

Este trabalho se baseia nas conclusões de meu livro *The deadlock of democracy in Brazil* (O impasse da democracia no Brasil).[1] Após um breve resumo da argumentação nele contida, analiso o preço que o Brasil paga por suas instituições políticas disfuncionais. Aqui o foco recai sobre a crise econômica provocada pelas *débâcles* russa e asiática de 1997. Sustento que as táticas políticas do presidente Fernando Henrique Cardoso — sua estratégia de sobrevivência — ampliaram os efeitos da crise. Essas táticas, contudo, não foram apenas uma abordagem idiossincrática da presidência, e sim uma resposta racional, quase inevitável, ao contexto institucional brasileiro. Por último, analiso as reformas das instituições políticas brasileiras. No livro mencionado, afirmo que as instituições brasileiras produzem um excesso de atores com poder de veto.[2] Tal excesso não é apenas uma questão de número de partidos necessários para formar maioria no Legislativo; de modo mais geral, é fruto do destrutivo federalismo brasileiro e das regras eleitorais do país. Poderiam partidos fortes reduzir o número de atores com poder de veto? Caso a resposta seja afirmativa, como pode o Brasil fortalecer seus partidos? Que se pode aprender com a experiência de outros países latino-americanos que

---

* Tradução: Paulo Martins Garchet.

** Professor de política comparada da Universidade de Pittsburgh (EUA).

[1] Ames, 2000.

[2] Em geral, a interação de altos graus de heterogeneidade étnica (ou alguma outra base de clivagem social complexa) sem regras eleitorais produz "naturalmente" um grande número de partidos. Devido ao baixo grau de clivagem étnica do Brasil, o grande número de partidos deve ser um fenômeno puramente político. Gary Cox (1997), baseado em trabalho conjunto com Octavio Amorim Neto, duplicou resultados mostrando a ligação entre heterogeneidade étnica e fragmentação partidária, mas Amorim Neto, em comunicação pessoal, concorda que as clivagens étnicas brasileiras não se refletem no sistema partidário.

reformaram recentemente suas estruturas institucionais, como a Colômbia, a Venezuela e a Bolívia?

Um resumo da história

No livro a que me referi, argumento que os problemas políticos brasileiros derivam do desenho de suas instituições. Entre essas instituições disfuncionais destacam-se o sistema eleitoral, as regras de formação de partidos, a natureza da presidência e a divisão de poderes entre os vários níveis de governo. O argumento substantivo começa pelo sistema eleitoral, discussão que chega a uma dupla conclusão: a representação proporcional (RP) com lista aberta, como funciona no Brasil, é extremamente democrática, uma vez que todas as clivagens sociais recebem tratamento igual e que nenhuma classe ou comunidade é favorecida pelas regras, mas essa flexibilidade e equanimidade têm um preço. A RP com lista aberta personaliza a política, e o sistema enfraquece o controle dos partidos sobre os políticos, tanto nas campanhas eleitorais quanto na legislatura. Os laços entre eleitores e deputados permanecem fracos, e os partidos lutam para agregar os interesses sociais em algo que se assemelhe a um programa coerente.

Na RP com lista aberta, as estratégias eleitorais refletem um forma singular de competição. Às vezes, os candidatos competem por espaço ideológico, mas, com mais freqüência, lutam por espaço físico, geográfico. Buscam municípios cujos eleitores e lideranças os apóiem. Os resultados da luta por espaço podem ser expressos numa taxonomia simples, que combina penetração vertical de municípios ("dominação") com cobertura horizontal ("contigüidade"). Mediante essa taxonomia, classifiquei os deputados como dominantes-concentrados, compartilhados-concentrados, compartilhados-dispersos e dominantes-dispersos. Deputados com certos tipos de currículo ocupacional e com variados históricos políticos tendem a concentrar-se em cada uma dessas categorias. Os prefeitos, por exemplo, têm distribuição concentrada de votos, enquanto os empresários geralmente têm apoio de padrão mais disperso. Nas regiões que dependem de favores políticos para a destinação de fundos e onde domina o apadrinhamento, os deputados recebem a maioria dos votos depositados nos municípios, contribuindo com parcela substancial de seus votos pessoais para a legenda, ao passo que em outras regiões eles se vêem diante de níveis bem mais altos de fragmentação, tanto interpartidária quanto intrapartidária.

Para melhor entender esse singular sistema eleitoral, analisei questões centrais do debate político contemporâneo no Brasil: representação inadequada, corrupção, responsabilidade e formação de partidos. A questão da representação inadequada refere-se à fórmula para distribuição das cadeiras da assembléia. São Paulo está sub-representado na Câmara dos Deputados, com 50 cadeiras a menos que sua parcela proporcional, enquanto alguns estados do Centro-Oeste e Norte, geralmente região de fronteiras, estão sobre-representados com assentos demais. Às vezes considera-se como certo que a concessão da justa parte a São Paulo, reduzindo as delegações dos estados da fronteira, levaria o centro de gravidade política do Brasil nitidamente para a esquerda. Acontece que, segundo estimativas razoáveis sobre o comportamento dos votos dos novos deputados — dada a fraqueza da disciplina partidária no Brasil —, as expectativas radicais têm de ser temperadas. Numa estrita proporcionalidade, alguns importantes votos da Assembléia Nacional Constituinte teriam sido diferentes, mas a maioria dos resultados permaneceria inalterada.

A irrupção, em 1993, de um extraordinário escândalo de corrupção permitiu-me testar a importância prática de minha taxonomia de distribuição de votos. Os deputados acusados de corrupção tendiam avassaladoramente para um tipo particular. Como obtinham altos percentuais dos votos depositados (para qualquer candidato) nas comunidades onde haviam feito campanha, e como essas comunidades tendiam a estar dispersas em seus estados (em vez de agrupadas, próximas umas das outras), classifiquei esses deputados como "dominantes-dispersos". Tais distribuições refletem seus esforços para fazerem acordos com os chefes políticos locais. Vimos também que um determinado tipo de reforma, como o sistema alemão, com metade da legislatura eleita em distritos de um só membro e metade em representação proporcional com listas fechadas, levaria quase que certamente à eliminação desses tipos corruptos da assembléia.

O sistema eleitoral brasileiro dá novo sentido à expressão "interesses especiais", de uso tão freqüente. A RP com lista aberta facilita o que, na verdade, é auto-representação, isto é, a tendência de certos deputados para representar seus próprios interesses econômicos pessoais ou os interesses de setores econômicos muito concentrados e específicos. A abertura do sistema brasileiro permite que os deputados preencham nichos ideológicos — como o exemplo clássico do paulista que concorre com uma plataforma pró-monarquia —, mas também faz com que reflitam o corporativismo tradicional no Brasil, onde estreitos interesses econômicos permeiam a burocracia e o Legislativo. A chamada bancada ruralista representa não os interesses dos eleitores que levaram esses deputados ao Congresso, e sim os interesses *pessoais* dos deputados que têm propriedades rurais. Para dizer o mínimo, esse estilo de representação fica distante do significado usual de *accountability* como prestação de contas perante os eleitores e a sociedade em geral.

No livro, passo então a examinar os efeitos do sistema eleitoral na construção de partidos políticos. Após cada eleição, a imprensa brasileira noticia altos índices de votos brancos e nulos. Esses votos são primordialmente conseqüência da obrigatoriedade do voto, mas há também algum reflexo do sistema eleitoral. Os votos brancos e nulos têm um componente "informativo" e um componente de "revolta". Num sistema onde a confusão é intrínseca, fica difícil obter informações sobre candidatos e temas, o que leva os eleitores a votarem em branco. Nos colégios eleitorais onde os candidatos recebem pequenas proporções de seus votos individuais, os esforços de campanha tendem a ser mínimos. Como ninguém tem motivação bastante para fazer campanha, os eleitores ficam sem informações suficientes para escolher. Mas a revolta também influi: diante dos escândalos de corrupção, da perene inflação alta e do *impeachment* de um presidente, os eleitores, não podendo simplesmente ficar em casa, invalidam seus votos para expressar seus sentimentos em relação à política.

A questão da formação de partidos refere-se, de fato, aos partidos nacionais que, apesar da considerável força organizacional no nível municipal e até no estadual, dificilmente podem ser chamados de partidos políticos. Em parte, eles têm dificuldade em formar programas coerentes porque o sistema encoraja alianças multipartidárias. Partidos de direita se aliam a partidos de centro em alguns estados e a partidos de esquerda em outros. Na eleição presidencial de 1994, o PSDB, supostamente um partido de centro-esquerda, fez duas composições estranhas: uma delas ligou-o ao PFL, partido de extrema direita com uma ala neoliberal e outra de políticos que sobrevivem graças aos favores na distribuição de fundos, e ao PTB, partido que tem apenas políticos deste último tipo. O resultado, claro, foi um grande sucesso.

O capítulo 1 se encerra com outro exame da taxonomia espacial das bases de voto. Um tipo de deputados, com distribuições partilhadas concentradas, parece estar se tornando mais freqüente. Tais deputados atraem um amplo estrato social em comunidades específicas. Como seus votos são concentrados, eles provavelmente se identificam com as comunidades que lhes dão seus votos, mas também enfrentam significativa oposição política. O aumento no número de deputados concentrados-partilhados pode ser indício de esforços visando ao favorecimento na concessão de fundos, mas tais deputados terão, pelo menos, de dar atenção às comunidades que os elegem, pois deverão disputar os votos com outros candidatos. Talvez não seja muito, mas pode ser o início de *accountability*.

O capítulo 2[3] desenvolve e testa uma teoria para explicar as estratégias eleitorais dos candidatos à Câmara dos Deputados. Em vez da costumeira discussão sobre as raízes clientelistas tradicionais da estratégia eleitoral, parti da premissa de que políticos racionais têm comportamentos estratégicos. Diante de um sistema eleitoral cujos principais atributos incluem a RP de lista aberta, grandes distritos de vários representantes e seleção de candidatos no nível politicamente ativo das unidades subnacionais, e diante da possibilidade de reeleição imediata, a maioria dos candidatos dá pouca atenção aos apelos ideológicos. Em vez disso, procuram construir barreiras em torno de seus eleitorados para impedir a entrada de outros candidatos. Os candidatos procuram municípios vulneráveis, especialmente os que estão (temporariamente) sem controle de chefes políticos, e tentam superar a fraqueza política favorecendo o encaminhamento de fundos para alvos municipais. Os candidatos estratégicos não têm comportamento igual porque os distintos contextos demográficos e econômicos dos estados brasileiros recompensam algumas táticas e penalizam outras.

Qual o significado desses resultados? Considere-se a relação diretor-agente entre eleitores e deputados: o sistema eleitoral brasileiro prejudica o controle dos eleitores. Força os candidatos a procurarem nichos com uma questão única, a gastarem com largueza e a fazerem tratos com os concorrentes a outros cargos, concorrentes que nada têm em comum com os candidatos. Em parte porque pouco sabem da importância das questões no nível nacional, os eleitores racionais apóiam os candidatos com base em seu potencial de encaminhamento de fundos.

A combinação de incentivos ao encaminhamento de fundos com a centralização estadual da política brasileira pode significar que a tendência *geral* para o favorecimento na concessão de fundos ainda esteja crescendo. Os deputados dos estados mais industrializados e mais ricos enfrentam maior concorrência de candidatos de outros partidos, mas têm também distribui-

---

[3] Em: Ames, 1995a.

ções mais concentradas de votos. Em tais estados, os níveis mais altos de educação e riqueza tornam o eleitor mais interessado na política. A maior conscientização, por sua vez, aumenta os incentivos para que os deputados busquem fundos. Ao mesmo tempo, a demanda de benefícios locais contribui para taxas de rotatividade mais elevadas e menores níveis de senioridade. Em conseqüência, o centro ideológico do Congresso desloca-se para a direita.

O capítulo 3 examina as diferenças de dominação e concentração — as duas principais dimensões das bases de voto para o Congresso — em todos os estados brasileiros e ao longo do tempo. No período 1978-94, a dominação foi maior no Nordeste. Lá os deputados têm maior possibilidade de dominar suas bases de voto, não só por causa da pobreza generalizada, mas também devido aos efeitos combinados de uma tradição de política de concessão de fundos e da presença de muitas famílias de políticos. A concentração espacial é essencialmente uma função inversa da demografia. O apoio eleitoral foi mais disperso nos estados onde era difícil conquistar uma cadeira sem os votos da capital e, também, onde havia menos chefes políticos locais com quem os deputados teriam de negociar.

Como se modificaram a dominação e a concentração ao longo das últimas cinco eleições? O declínio generalizado da dominação resulta de três fatores: a crescente conscientização política da população, o crescimento explosivo das cidades (que, simplesmente, são mais difíceis de dominar) e as mudanças nos currículos ocupacionais dos novos concorrentes ao Congresso. O número de candidatos com histórico empresarial e burocrático aumentou, enquanto os políticos locais e estaduais estão em declínio. Essa mudança na composição ocupacional, conseqüência da crescente importância do dinheiro nas campanhas, contribui para a menor dominação eleitoral. As mudanças na concentração espacial são menos claras. A concentração aumentou logo após a eleição de 1978, mas parece ter-se estabilizado nas eleições mais recentes. A concentração da distribuição eleitoral é uma vantagem para os deputados, de modo que os novos concorrentes — apesar de muitos deles terem históricos ocupacionais ligados a distribuições de votos mais dispersas — são gradualmente "socializados" nas táticas de campanha dos veteranos.

No capítulo 4, a investigação se transfere dos modelos quantitativos para um conjunto de estudos de caso visando a explorar a interação entre fatores econômicos e demográficos, competição política e eventos políticos extraordinários. Os casos analisados incluem os estados do Paraná e de Santa Catarina, no Sul mais desenvolvido, e Maranhão, Ceará e Bahia, no Nordeste menos desenvolvido. Paraná e Santa Catarina são dois vizinhos relativamente ricos, mas suas políticas são bastante distintas. Essencialmente, o Paraná — pelo menos até à recente ascensão de Jaime Lerner — se caracteriza pela ausência de um líder e por uma competição altamente localizada para os cargos eletivos, por um Legislativo fraco e alta rotatividade tanto de políticos estaduais quanto federais, e por partidos fortes na esquerda política. Santa Catarina, ao contrário, tem uma oligarquia política definida que se mantém estável desde a II Guerra Mundial. Apesar de ser um estado mais industrializado que o Paraná, a esquerda em Santa Catarina tem sido tradicionalmente mais fraca.

A demografia parece ser a diferença fundamental entre Santa Catarina e Paraná. Neste último, importantes fluxos migratórios de outros estados e países criaram sub-regiões com orientações políticas distintas. O centro do Paraná — a área em torno de Curitiba — tem relativamente pouca importância, seja em termos demográficos, seja em termos políticos. A economia do estado tem tamanho vigor que as carreiras políticas são uma alternativa menos desejável. Faltam aos líderes políticos paranaenses raízes fortes em seu estado. A delegação do estado na Câmara dos Deputados tem uma senioridade política coletiva pequena demais para garantir influência nacional ao Paraná. Mais ainda, a população paranaense elege deputados de forma muito localizada, de modo que a possibilidade de encaminhar fundos torna-se o fator decisivo da elegibilidade.

Maranhão, Ceará e Bahia têm políticas bem distintas. Em todo o Brasil, nenhum líder em nível estadual tem o cacife político do maranhense José Sarney ou do baiano Antônio Carlos Magalhães. Já ao Ceará faltam políticos com o poder (e a aptidão) de Sarney ou ACM, mas o estado assistiu a uma drástica mudança na concorrência política ao longo dos últimos 10 anos, com a derrubada e a marginalização da política de seus "coronéis". Por que esses estados se desenvolveram de modo tão distinto?

Os três grupos de coronéis do Ceará tinham uma vida muito fácil. Lotearam o estado, estabelecendo máquinas políticas corruptas através de modelos tradicionais de dominação rural. E quando o crescimento urbano deu a Fortaleza um peso decisivo nas eleições cearenses, os caciques políticos viraram história. Os líderes do PMDB que iniciaram a revolução eleitoral do Ceará implantaram políticas que beneficiaram as pessoas comuns, e os antigos chefes políticos descobriram de repente que já não podiam mais comprar votos suficientes para permanecer no poder.

Essencialmente, Sarney tornou-se a figura dominante no Maranhão por ter sido o primeiro político a melhorar a infra-estrutura tirando proveito da largueza do governo central. Sarney nunca conseguiu eliminar a oposição — ou talvez jamais tenha se preocupado em fazê-lo. Embora fosse o mais poderoso político do estado, seus protegidos geralmente o abandonavam, e outros políticos prosperavam na oposição. A vantagem de Sarney continuou pequena até que se tornou companheiro de chapa de Tancredo Neves e, com a morte deste, presidente da República. Com isso, a parte do Maranhão no favorecimento de fundos federais atingiu níveis extremamente elevados. Sarney cuidou politicamente de sua família e até se elegeu senador por um estado vizinho.

O baiano Antônio Carlos Magalhães foi muito mais que um cacique político tradicional. Dispensou favores, construiu e destruiu carreiras políticas, angariou grande fortuna, mas também modernizou a infra-estrutura da Bahia e incentivou o crescimento industrial. Como isso foi possível? ACM teve forte apoio do regime militar, mas seu sucesso continuou mesmo depois que os generais se retiraram. O que aconteceu, contudo, reforça a importância de seqüência e *timing* em política. ACM usara os recursos do governo central para criar uma máquina política baseada em poder burocrático. Quando Sarney inaugurou a Nova República, em 1986, o apoio de ACM lhe era indispensável para sua própria sobrevivência política. Itamar Franco e Fernando Henrique viram-se na mesma situação de dependência. Assim, a influência regional de ACM tornou-se influência nacional, e ele continuou sendo o político mais poderoso do Congresso brasileiro.

O sistema eleitoral brasileiro, junto com o federalismo e a tradicional dependência do Executivo em apadrinhamento e concessão de fundos, produz um grande número de atores com poder de veto. Na segunda parte do livro, transfiro a pesquisa para o último campo de batalha desses atores com poder de veto: a arena das relações entre o Executivo e o Legislativo. Minha premissa é que um excesso de atores com poder de veto, não apenas em termos partidários, mas também em termos de interesses estaduais, municipais e corporativos, leva à obstrução do Legislativo. Essa obstrução pode ter três causas: um número excessivo de partidos (fragmentação partidária), bloqueios regimentais e um excesso de membros com pouco interesse na legislação mais ampla.

O capítulo 5[4] investiga os interesses e as motivações dos deputados, procurando as determinantes dos padrões de votos no conjunto formado por

---

[4] Em: Ames, 1995b.

pressões do eleitorado, ideologia, necessidades eleitorais e interesses locais. Examina as motivações dos deputados utilizando modelos de duas espécies de votação: áreas de temas amplos na Assembléia Constituinte de 1987/88 e os decretos de emergência do presidente Collor em 1990. A influência da natureza do sistema eleitoral se fez sentir numa série de temas constitucionais. Os deputados com votos mais agrupados tenderam a ser mais pró-Congresso e anti-Executivo, a apoiar mais a intervenção estatal, o bem-estar social e uma democracia popular. Essas posições, creio, resultaram da maior *accountability* determinada pelo agrupamento dos votos. Os deputados dominantes, ao contrário, apoiaram o Executivo e se opuseram a um Congresso mais forte. A dominação deu aos deputados autonomia para divergir das linhas principais de seus partidos.

As características socioeconômicas do eleitorado influenciaram as votações para o Congresso, ainda que modestamente: as áreas industriais elegeram deputados mais liberais. De modo geral, contudo, as condições socioeconômicas constituíram laços muito tênues entre eleitores e deputados. Os cidadãos brasileiros pressionam por programas de favorecimento na destinação de fundos, mas em temas mais amplos têm pouco controle sobre seus representantes.

A ideologia desempenhou importante papel na votação no Legislativo. Antigos membros da Arena foram consistentemente anticongresso, pró-Executivo e antitrabalhistas, e seus votos expressaram menos apoio à democracia popular. Os deputados com essas tendências se agruparam em partidos que apoiaram o presidente Collor em seus decretos e, mesmo dentro dos partidos pró-governo, foram seus principais sustentáculos.

A revelação mais surpreendente, sem dúvida alguma, foi a importância da orientação pró-favorecimento na destinação de fundos como determinante de posições mais amplas. Na Assembléia Constituinte, os deputados puderam ser comprados ou pelo menos alugados: os que receberam obras públicas para seus distritos foram pró-Executivo, anti-Congresso, antitrabalhistas e relutaram em apoiar a democracia popular. A importância de benefícios diretos para os deputados diz muito sobre a fragilidade dos vínculos entre os eleitores e seus representantes em questões de âmbito nacional.

O capítulo 6 focaliza um desafio que todos os presidentes brasileiros enfrentam. Simplificando: como manter um apoio consistente no Congresso? Em alguns países, os presidentes constroem apoio legislativo mobilizando os cidadãos a pressionarem os partidos e deputados. No Brasil, devido à fragilidade dos laços entre eleitores, deputados e partidos, essas táticas dariam pouco resultado.[5] Em vez disso, os presidentes arregimentam apoio com cargos políticos e programas com destinação de fundos favorecida. Os mais importantes cargos políticos são aqueles do próprio gabinete: os membros do gabinete não apenas controlam a distribuição de empregos de níveis mais baixos, como também constituem um canal para representação do partido e dos interesses regionais. Em outras palavras, as nomeações para o gabinete tranqüilizam os políticos, assegurando que suas reivindicações chegarão aos ouvidos do presidente.[6]

Meu exame dos gabinetes dos presidentes Sarney, Collor, Itamar Franco e Fernando Henrique demonstrou que as estratégias presidenciais variaram entre esses governos e dentro deles. Do ponto de vista de um observador externo, a composição do gabinete não foi sempre a composição ótima em termos estratégicos. Collor, por exemplo, instalou uma curiosa mistura de amigos, tecnocratas e políticos sem cacife. O gabinete de Itamar Franco incluiu um grande número de amigos pessoais, aliados que freqüentemente serviram mal ao presidente. Na verdade, o grande sucesso da administração de Itamar, o Plano Real, somente se concretizou depois que o presidente foi efetivamente marginalizado pela equipe econômica reunida pelo então ministro Fernando Henrique Cardoso. Ao que parece, apenas Sarney chegou perto de maximizar o valor de cada nomeação. Isso não chega a surpreender, considerando a experiência política de Sarney e seu compromisso com a sobrevivência de sua dinastia no Maranhão.

O chefe do Executivo só consegue governar quando pode confiar em intermediários com cacife no Legislativo, o que leva os presidentes a se verem continuamente diante de subordinados com agendas políticas próprias. Nenhum dos presidentes brasileiros esteve imune às ações de ministros cujas estratégias de sobrevivência pessoal contrariavam as do chefe do Executivo.

---

[5] O chefe administrativo do escritório de um importante senador me disse que seu escritório recebe apenas duas ou três cartas por dia dos eleitores, a maioria de outros estados. O senador nem sequer recebe de sua equipe uma contagem diária ou semanal da correspondência recebida.

[6] O controle dos ministros sobre os cargos de escalão mais baixo de seus ministérios está longe de ser absoluto. Em muitos casos, o presidente ou mesmo algum congressista força os ministros a aceitarem seus candidatos a tais posições, seja para assegurar que determinada região receba uma parcela maior das verbas de alguns programas, seja para influenciar os critérios gerais de distribuição.

Collor teve de lidar com um ministro da Educação que ambicionava ser governador do Rio Grande do Sul. Itamar Franco brigou com o ministro do Bem-Estar Social, que, ironicamente, vinha do mesmo estado. Casos de elementos do segundo escalão que se afastam dos interesses de seus superiores — o problema diretor-agente — são comuns, é claro, em qualquer burocracia. Mas o resultado no Brasil é uma queda na *eficiência* das políticas distributivas que os executivos adotam para cimentar as coalizões. Como as políticas distributivas são menos eficientes, elas têm de ser mais amplas. Em conseqüência, o sistema terá provavelmente de gerar ainda mais favorecimento na distribuição de fundos em detrimento das políticas de nível nacional.

O capítulo 7 avalia o sucesso das estratégias presidenciais de formação de coalizões e o papel dos líderes dos partidos no Congresso. Como em outros legislativos, os líderes dos partidos brasileiros no Congresso negociam a substância da legislação, mediando entre os congressistas e o Executivo, e ajudam a distribuir os favores em termos de fundos e cargos entre os fiéis do partido. A questão-chave no centro dos atuais debates sobre política brasileira refere-se à autoridade dos líderes dos partidos sobre seus membros. Terão os líderes autoridade apenas em bases "caso a caso" ou será sua autoridade absoluta durante algum período de médio ou longo prazo? A resposta consiste num modelo das condições que levaram os deputados a desertar das maiorias de seus partidos. Aplicado aos seis maiores partidos brasileiros entre 1991 e 1998, esse modelo de cooperação e deserção fornece persuasiva evidência de que falta poder aos líderes dos partidos para impor a cooperação. As recomendações de voto das lideranças às vezes geram maior cooperação. Porém, como essas recomendações não têm maior efeito nas votações cruciais, que são mais disputadas, e como têm muito menos influência que as características do eleitorado ou as verbas distribuídas, os líderes dos partidos ficam parecendo impotentes.

Deputados que são eleitoralmente fracos e cujo eleitorado é geograficamente concentrado tendem a ser mais cooperativos. Ao que parece, a fraqueza eleitoral faz com que os deputados relutem em desistir dos benefícios da legenda partidária, porque esta os defende contra concorrentes de dentro e de fora dos partidos. Quando estão geograficamente concentrados, os eleitores de um deputado tendem a exigir dele mais resultados, tipicamente em concessões de verbas.

O obstrucionismo legislativo deriva não apenas das motivações dos deputados, mas também da fragmentação partidária e das normas regimentais.

O capítulo 8 começa com uma incursão na elaboração do orçamento. O processo orçamentário da Câmara revelou-se, na terminologia de Krehbiel (1991), essencialmente distributivo, em vez de informativo. Algumas das normas que governam a distribuição de benesses orçamentárias são grosseiras: os principais beneficiários das emendas orçamentárias, por exemplo, foram os membros da própria Comissão de Orçamento. Os membros seniores da Comissão de Orçamento tiveram enorme sucesso na aprovação de emendas que beneficiaram seus eleitores. Outras normas são mais sutis: a Comissão de Orçamento, por exemplo, opera com uma regra de solidariedade intrapartidária que beneficia aqueles que não ameaçam outros membros de seus próprios partidos. O capítulo mapeia o processo político através de uma série de casos legislativos. O pivô da investigação, o colégio de líderes, parece ser a única instituição capaz de reduzir a inevitável tendência do Legislativo para o caos. Aparentemente, contudo, somente em condições muito especiais o colégio desempenha esse papel. A coordenação dos líderes dos partidos ocorre principalmente quando as questões são unidimensionais (outra maneira de dizer que os acordos são fáceis), quando os partidos percebem uma ameaça de perda eleitoral real. Na ausência de tais condições, os deputados arrancam um alto preço por seu apoio, os grupos de interesse exercem influência desproporcional a seus tamanhos, e a legislatura tende a obstruir, em vez de contribuir para a solução dos problemas econômicos e sociais do Brasil.

Além da dimensionalidade e da importância que possa ter uma questão para o Executivo, que outros fatores facilitam o acordo no Legislativo? No Brasil, a sabedoria convencional afirma que a caça generalizada de verbas atrapalha a elaboração de políticas em todos os tipos de questão. Na medida em que os deputados obcecados pela necessidade de levantar verbas para seus distritos podem ter menos interesse na legislação mais ampla, a crítica é correta, pois apenas uma minoria dos legisladores participa ativamente na elaboração de leis sobre temas mais gerais. Além disso, a qualidade geralmente baixa do pessoal do Congresso — uma decorrência da desconfiança dos deputados em relação a especialistas independentes — certamente prejudica o processo legislativo. Porém, quando todos os partidos são coerentes e disciplinados, uma legislatura multipartidária terá muito maior dificuldade em aprovar leis. Como mostra Tsebelis (1995), quanto maior for o espectro de opiniões dentro de um partido, maior será a gama de alternativas políticas que ele considera aceitável e mais fácil será conjugar um acordo multipartidário em torno de políticas que se afastam do *status quo*.[7] Se os demais partidos políticos brasileiros de hoje tivessem a disciplina e a coerência do PT, o processo legislativo seria caótico.[8] Contudo, o que aconteceria se houvesse menos verbas disponíveis para favorecimento, mas as regras continuassem a desencorajar partidos programáticos? Nesse cenário essencialmente neoliberal, o número de deputados empenhados na busca de verbas cairia, e mais deputados se apoiariam, necessariamente, nos laços com organizações "corporativistas", isto é, em laços com grupos representativos de interesses econômicos estreitos.[9] A legislatura resultante até pode ser menos obstrucionista, no sentido de responder às demandas "setoriais", mas seria também mais conflituosa e menos sensível à orientação executiva.[10]

O custo do impasse institucional brasileiro

No programa macroeconômico brasileiro de estabilização pós-1994, o Plano Real, a moeda supervalorizada sempre foi um elemento-chave. Encorajando as importações, o real forte manteve os preços domésticos pressionados para baixo e atraiu capital externo, ajudando a financiar o substancial déficit comercial do país. O real forte também permitiu que o Brasil evitasse enfrentar os enormes déficits fiscais — dos estados e do governo central.

Na falta de uma séria tentativa de reforma fiscal — Fernando Henrique não encaminhou nenhuma legislação de reforma fiscal significativa em seu primeiro mandato —, o esquema de estabilização somente poderia manter-

---

[7] Em trabalho recente (sem data), Tsebelis mostra que o número de leis importantes aprovadas em distintos sistemas parlamentares é uma função inversa do número de partidos no governo, da distância ideológica entre eles e da coesão de cada um deles.

[8] Com base em entrevistas preliminares, mostro que a disciplina do PT não ajuda nas negociações. Como os líderes petistas têm pouca autoridade até que os membros do partido concordem com uma proposta final, eles não podem assumir compromissos prévios confiáveis. A maioria dos deputados considera o PDT e o PTB indisciplinados e maus negociadores. O PMDB é igualmente pulverizado, mas a excelente qualidade de seu pessoal facilita as negociações. O PFL e o PPR têm uma equipe numerosa, mas a qualidade é baixa.

[9] Para um exemplo de trabalho recente sobre a importância dos interesses "setoriais" na política brasileira, ver Weyland (1996).

[10] De modo mais abstrato, pode-se argumentar que a representação proporcional de lista aberta, tal como funciona no Brasil, encoraja o desenvolvimento de partidos indisciplinados e não-programáticos, tanto diretamente, através de leis como as que garantem automaticamente aos atuais deputados um lugar nas chapas, quanto indiretamente, facilitando a eleição de deputados que têm pouco interesse em partidos fortes e maior interesse no favorecimento para obtenção de verbas.

se à tona enquanto os investidores estrangeiros mantivessem sua fé no real. O plano sobreviveu às crises econômicas da Ásia e da Rússia de 1997 porque o governo queimou reservas em moeda forte, cortou gastos, aumentou impostos e elevou as taxas domésticas de juros, de cerca de 20% para mais de 40%.[11]

No início de 1999, o real forte revelou-se insustentável. O gatilho foi a suspensão dos pagamentos das dívidas do estado para com o governo federal decidida pelo recém-eleito governador de Minas Gerais, Itamar Franco (ex-presidente e agora inimigo de Fernando Henrique). A perda de confiança no programa econômico brasileiro por parte dos investidores e especuladores estrangeiros foi tão completa que, em meados de janeiro daquele ano, US$200 milhões escoavam diariamente para fora do país. Em 15 de janeiro, o governo tardiamente permitiu que a moeda flutuasse. Em 15 de fevereiro, o real havia caído de 1,30 para 1,98 por dólar. Após semanas de negociações, a administração e o Fundo Monetário Internacional concluíram um novo plano de salvamento. O acordo projetou uma inflação de 16,8%, uma queda no PIB de 3,4 a 4% e taxas de juros anuais de 28,8%.[12]

Conquanto o recuo da administração na introdução da reforma fiscal tenha levado parte da culpa pelo colapso do programa de estabilização, a falta de cortes de gastos foi ainda mais significativa. O governo de Fernando Henrique aproveitou-se inicialmente da crise asiática, usando-a para pressionar o Congresso a aprovar a reforma administrativa (que terminou com o emprego vitalício para os servidores civis) e as propostas de reformas da previdência. Contudo, as medidas finalmente aprovadas foram insuficentes e vieram tarde demais. Ambas as reformas tinham sido peças centrais da campanha de Fernando Henrique na vitória de 1994, mas nenhuma tornou-se lei antes de 1998 e nenhuma entrou em vigor antes de 1999.

Quanto custou o longo atraso nas reformas administrativa e previdenciária? No caso da primeira, é difícil estimar porque a economia do governo depende do número de funcionários finalmente demitidos. Há, contudo, uma lei que proíbe os estados de gastarem mais que 60% de seus orçamentos com pessoal.[13] No final de 1998, 17 dos 27 estados ultrapassaram esse limite, com uma média de 72% dos gastos.[14] Se apenas os estados cortassem seus

[11] Essa previsão foi feita pelo instituto de pesquisa econômica da Universidade de São Paulo (Fipe).

[12] *Folha de S. Paulo*, 12-3-1999.

[13] Tal proibição, aprovada pelo Congresso em 1995, é conhecida como Lei Camata.

[14] Sabino, 1999.

gastos para enquadrá-los no limite legal, a economia seria de US$5 bilhões. A reforma da previdência finalmente aprovada no início de 1999 reduzirá o déficit fiscal do governo central em pouco menos de 1% do PIB anualmente.[15]

A aprovação das reformas administrativa e previdenciária ocupou toda uma sessão legislativa devido a uma decisão tática do governo. No início de 1995, o governo decidiu que sua prioridade seria uma emenda constitucional permitindo a reeleição do presidente. Durante as longas negociações com o Congresso a respeito da reeleição, o processo de construção de uma maioria para aprovação das reformas administrativa e previdenciária ficou inteiramente paralisado e só foi retomado após a aprovação da emenda da reeleição, em janeiro de 1997. Retrospectivamente, é claro, as prioridades do presidente mostraram-se onerosas, mas suas táticas levantam perguntas mais difíceis e interessantes. Por que as negociações sobre outras questões ficaram paralisadas enquanto o presidente construía sua coalizão supermajoritária pró-reeleição? A possibilidade de buscar a reeleição dá ao presidente um poder de barganha substancialmente maior?

Apenas Fernando Henrique pode, em última palavra, explicar a ênfase que deu à reeleição à custa de postergar outras reformas. Negociar todas as reformas simultaneamente só seria possível se uma coalizão similar apoiasse as três. Acordos separados seriam inevitáveis se a coalizão de apoio à reeleição fosse ortogonal — não relacionada — com as coalizões das reformas administrativa e previdenciária. Tal parece ter sido o caso: as reformas administrativa e previdenciária podem ser vistas como testes de apoio à administração de Fernando Henrique, mas a reeleição tem implicações fundamentalmente diferentes.[16] Uma vez que a emenda permitiu aos 27 governadores no exercício do cargo buscar a reeleição, eles inevitavelmente tornaram-se atores decisivos na barganha dessa questão. Os deputados sentiram a pressão não só dos interesses de seus governadores, mas também de seus próprios interesses. A reeleição dos governadores bloquearia as ambições políticas de alguns deputados, enquanto outros se beneficiariam da permanência de seus patronos no poder.

Se as coalizões que apoiaram as reformas administrativa e previdenciária foram realmente distintas daquela que apoiou a reeleição, deve-se encontrar prova disso nas chamadas de votação da Câmara. Embora a pesada negocia-

---

[15] *Relatório Regional Latino-americano*, 15-9-1999: 5.

[16] Estou em dívida com Tim Power por sua ajuda na questão da reeleição.

ção de votos em troca de favores individuais tenha reduzido os níveis iniciais de oposição, verifica-se que, dentro da base de apoio do governo, menos foram os deputados que se opuseram às reformas administrativa e previdenciária do que os que votaram contra a reeleição, enquanto todos os opositores da reforma administrativa também se opuseram à reforma previdenciária.

Tendo decidido separar a reeleição das demais reformas, o Executivo enfrentou a questão da ordem de encaminhamento. O presidente e seus conselheiros talvez esperassem que o processo de negociação das reformas fosse mais rápido. A administração talvez tenha escolhido começar pela questão que demandaria mais tempo de negociação. A reeleição seria a mais onerosa em termos de capital político, mas, uma vez aprovada a emenda, a probabilidade de reeleição do presidente aumentaria seu poder de barganha nas negociações das reformas administrativa e previdenciária. Estas últimas apenas reduziriam o capital presidencial, uma vez que tinham custos eleitorais de curto prazo. Além disso, talvez a equipe do presidente tenha tido tantas dúvidas quanto à aprovação das reformas administrativa e previdenciária que a garantia de um segundo mandato presidencial tornou-se um imperativo.

As negociações em torno da reeleição demonstram ainda mais a fraqueza dos partidos como unidades de negociação. A administração Fernando Henrique usou todas as armas possíveis na construção de sua maioria: projetos de favorecimento na alocação de fundos, ofertas de empregos a aliados dos deputados, possivelmente até propinas. Os ministros coordenaram a barganha com os deputados de seus respectivos partidos, mas os líderes dos partidos agiram basicamente como facilitadores, não havendo nenhuma troca de bens coletivos para os partidos. Todas essas barganhas limitaram-se ao nível ou dos deputados individualmente[17] ou do governador em exercício. Em contrapartida, embora as barganhas individuais tenham sido cruciais para consolidação das maiorias para as reformas administrativa e previdenciária, os partidos também negociaram concessões substantivas na legislação.

Se foram as diferenças nas coalizões de apoio que levaram o Executivo a encaminhar primeiro a emenda da reeleição, os deputados também tiveram bons motivos para aceitar essa ordem. Acordos de uma única vez eram muito arriscados.[18] Se todas as questões fossem votadas simultaneamente, como pode-

---

[17] Rocha Expedito Filho, 1997.

[18] Numa troca de votos entre deputados ("eu apóio seu projeto se você apoiar o meu"), votam-se as questões simultaneamente porque o voto é o único compromisso necessário. No caso em questão, contudo, o presidente precisa dos votos dos legisladores uma única vez, enquanto eles precisam que ele libere fundos ao longo de um período dilatado.

riam os deputados exigir de Fernando Henrique o cumprimento de seus compromissos?[19] Separando as questões, os deputados poderiam forçá-lo a cumprir os compromissos assumidos antes de lhe darem seu apoio nas questões subseqüentes.

A reeleição valeu o que custou? Embora muitos estudiosos acreditem que os chefes do Executivo são mais fortes em seus mandatos iniciais quando existe a possibilidade de um segundo mandato, há pouca evidência teórica ou empírica dessa vantagem. Se o programa econômico de uma administração é bem-sucedido, e se os deputados antevêem a reeleição do presidente, então eles não podem esperar alcançar melhores acordos se aguardarem pelo novo governo. A emenda da reeleição no Brasil, contudo, não beneficia apenas o presidente; beneficia também os governadores dos estados, e seus ganhos em termos de influência inevitavelmente enfraquecem o presidente.[20]

Em termos do excesso de atores com poder de veto no Brasil, quais as implicações da possibilidade de reeleição do presidente? As chances de adoção de políticas inovadoras — políticas que se afastam do *status quo* — somente melhorarão no segundo mandato se o partido do presidente tornar-se tão forte que o número de atores com poder de veto se reduza.[21] No Brasil, tal redução depende do sucesso presidencial, isto é, da probabilidade de que a vitória eleitoral do presidente produza uma coalizão legislativa que apóie mais o programa presidencial. Infelizmente, a estratégia de reeleição do presidente Fernando Henrique em 1998 sugere que coalizões mais fortes no segundo mandato — coalizões com menos atores com poder de veto — serão exceção, em vez de regra.

---

[19] Enquanto ministro da Fazenda, Fernando Henrique fizera acordos com a bancada ruralista: o governo rolaria algumas dívidas de crédito rural em troca de apoio para o Fundo de Emergência Social. Após a votação, Fernando Henrique recuou, mas o Congresso seguinte o forçou a aceitar a concessão. Os deputados estavam claramente preocupados com os compromissos assumidos na questão da reeleição. Um deputado, aliado de Fernando Henrique, disse: "Você sai com o negócio fechado, mas, na hora de pagar, o ministro não recebe mais você, e ninguém quer mais falar com você" (Pinheiro, 1997; Rocha Expedito Filho, 1997).

[20] Em estudo sobre o federalismo mexicano, Alberto Diaz-Cayeros (1997, cap. 7) encontrou evidências de que a distribuição de recursos federais e o número de anos ainda por cumprir dos mandatos dos governadores estão correlacionados com as vantagens que o estado poderia obter do governo central.

[21] Enquanto escrevo este trabalho, sete meses após o reempossamento de Fernando Henrique, uma importante reforma ministerial está sendo montada. O PSDB de Fernando Henrique deseja alguns postos ministeriais atualmente em poder do PMDB. Uma redução da bancada do PMDB dificilmente reforçará a coalizão do presidente no Legislativo, mas o PSDB está apostando em que a agenda de FHC no Legislativo é tão pequena que as chances eleitorais do partido em 2002 são mais importantes (ver *Jornal do Brasil*, 12-7-1999. p. 1 e 7).

Para entender por que é pouco provável que a reeleição produza executivos fortes no segundo mandato é preciso lembrar que as alianças partidárias variam de estado para estado. Inimigos figadais num estado são aliados no outro. Esse padrão de alianças naturalmente prejudica a capacidade do presidente para fazer campanha por seus aliados em bases nacionais. De fato, Fernando Henrique pouco participou das campanhas no nível estadual. Além disso, os presidentes têm fortes razões para incentivar possíveis desafiantes a disputas no nível estadual, mesmo que esses adversários estejam concorrendo com membros do próprio partido do presidente. Vejamos as táticas de Fernando Henrique em 1998: em Minas Gerais, ele ficou neutro na disputa entre o governador em exercício, Eduardo Azeredo, do PSDB, e seu opositor do PMDB, o ex-presidente Itamar Franco;[22] na corrida pelo governo de São Paulo, Fernando Henrique evitou atacar Paulo Maluf (PPB), que concorria com o governador Mário Covas, do PSDB. E no Rio de Janeiro, Fernando Henrique aliou-se ao candidato do PFL contra a opção do PSDB. No final, os candidatos do PSDB perderam no Rio e em Minas Gerais e ganharam apenas em São Paulo. Com essas e outras derrotas no nível estadual, a coalizão de Fernando Henrique no Legislativo ficou mais fraca no segundo mandato que no primeiro. As implicações a longo prazo das táticas do presidente estão claras: a fraqueza dos partidos brasileiros — e os horizontes de curto prazo dos políticos que enfrentam o teste das urnas — permite ao presidente melhorar sua própria sorte à custa de suas bases de longo prazo no Legislativo.[23]

A fraqueza de Fernando Henrique no segundo mandato decorre de outra dificuldade crônica: a reeleição do presidente produz um "acúmulo" de políticos fortes.[24] Se as eleições para a presidência e para os governos estaduais forem simultâneas e a reeleição for proibida, os governadores fortes e outros políticos do nível estadual irão concorrer para a presidência. Os perdedores ver-se-ão sem emprego e distantes dos holofotes pelos próximos quatro anos. Permitindo-se a reeleição presidencial, contudo, os políticos importantes serão forçados a tornar-se (ou continuar como) governadores, posição em que poderão causar sérios problemas para o presidente. Governa-

---

[22] Na luta pela emenda da reeleição, Fernando Henrique parece ter prometido apoiar ativamente Itamar se ele ficasse em Minas Gerais.

[23] As táticas de Fernando Henrique começam a assemelhar-se àquelas dos "neopopulistas", como o argentino Carlos Menem. Ver Weyland, 1996.

[24] Devo a Tim Power a indicação desse efeito de "acumulação".

dores fortes, procurando posicionar-se para a próxima eleição presidencial, têm mais probabilidade de mobilizar as delegações de seus estados no Congresso e assim criar novos atores com poder de veto no Legislativo.[25]

No final, a reeleição presidencial é um bom exemplo de mudança institucional cujos efeitos dependem do contexto político geral. Num sistema político unitário, a reeleição deve fortalecer substancialmente os presidentes. Mas, no forte federalismo brasileiro, com poderosos governadores e distritos eleitorais cujas fronteiras coincidem com as fronteiras estaduais, ela pode não trazer nenhuma vantagem para o presidente.[26]

Que reformas o Brasil deve fazer em suas instituições políticas?

No Brasil, a reestruturação do federalismo pode ser um caminho para reduzir o excesso de atores com poder de veto. O federalismo brasileiro é sem dúvida o mais forte da América Latina. Constitucionalmente, México, Argentina e Venezuela são sistemas federativos, mas apenas no Brasil os estados podem agir com tamanha independência em relação ao poder central. A primeira administração de Fernando Henrique conseguiu restringir alguns dos piores excessos dessa independência dos estados — especialmente a possibilidade de os governadores forçarem o governo central a absorver os débitos dos bancos estaduais de desenvolvimento. No início de 1999, o governador Itamar Franco, de Minas Gerais, suspendeu unilateralmente os pagamentos do débito com o governo central, disparando uma crise econômica que resultou em desvalorização da moeda e profunda recessão.[27]

Como demonstraram Willis, Garman e Haggard (1999:18), a chave do funcionamento do federalismo é a organização dos partidos políticos: "Quando as lideranças partidárias são organizadas no nível subnacional e ocupam posi-

[25] É possível também que os governadores sejam tentados a provocar problemas políticos para o presidente no primeiro mandato, apenas para prejudicar as possibilidades de um segundo mandato.

[26] À medida que a evolução dessas regras fica clara para os políticos, quaisquer vantagens que os presidentes em primeiro mandato pudessem ter nas negociações também desaparecem porque os políticos perceberão que, se forem pacientes, logo se verão diante de um Executivo mais fraco.

[27] Na verdade, a maior parte da queda nas reservas brasileiras ocorreu antes da moratória de Itamar. Fernando Henrique usou a moratória como cobertura política para a inevitável desvalorização. E, como o governo federal estava legalmente obrigado a suspender certos pagamentos a Minas Gerais após a moratória, seu fluxo de caixa com o estado melhorou.

ções no governo subnacional, então os legisladores nacionais agem freqüentemente como 'delegados' que representam os interesses subnacionais". Essa descrição, é claro, enquadra perfeitamente o Brasil, mas a relação tem uma qualidade causal ainda mais importante. A criação de partidos fortes no nível nacional também parece aumentar a autoridade central em sistemas anteriormente descentralizados. Alberto Diaz-Cayeros (1997) mostra que a fundação do Partido Revolucionário Institucional (PRI) no México, nos anos 1930, permitiu que as autoridades centrais do país adotassem novas políticas fiscais que facilitavam a industrialização. O PRI monopolizou todos os canais de acesso às posições mais altas no México. Os políticos favorecidos poderiam estar certos de que não enfrentariam desafiantes. Sabendo que sua sobrevivência política pessoal estava garantida, os políticos estaduais aceitaram os impostos federais e a hegemonia industrial. Com efeito, trocaram os interesses locais de seus estados por garantias pessoais.

Sendo pouco provável que o Brasil modifique sua base constitucional de federalismo, poderá o federalismo mudar de fato se os partidos políticos tornarem-se mais fortes no nível nacional? Tanto em público quanto privadamente, os líderes políticos brasileiros parecem bem conscientes da necessidade de partidos mais fortes, mas as propostas concretas geralmente refletem cálculos políticos imediatistas, e não considerações de longo prazo. No final de 1998, por exemplo, líderes da coalizão de Fernando Henrique no Congresso propuseram uma nova regra de fidelidade partidária. Segundo essa proposta, os deputados que não votassem com seus partidos correriam o risco de expulsão imediata.

O governo argumentou que os deputados deveriam votar com seus partidos porque quase todos eles deviam suas vitórias às legendas partidárias.[28] Afirmou que apenas 13 dos 513 deputados brasileiros teriam sido eleitos por conta própria, sem ajuda dos partidos.[29] Os deputados discordam. Entre 70 e 80% dos deputados das duas últimas legislaturas afirmam que suas eleições nada devem aos partidos, e sim a seus próprios esforços (Power, 1997:198). O raciocínio do governo tinha também uma falha de lógica. Imagine-se, no estado de São Paulo, cinco candidatos que esperam obter seus votos de elei-

[28] O interesse do governo na disciplina partidária dificilmente será um fenômeno novo. Os gabinetes do século XIX, diante de Câmaras dos Deputados em que os partidos eram verdadeiras coleções de facções personalistas, tinham nela o mesmo interesse. Ver Graham, 1990:160.

[29] O governo argumentou que apenas 13 deputados tinham votos suficientes para atingir o quociente eleitoral sem a contribuição dos votos de qualquer outro candidato.

torados regional, ocupacional ou ideologicamente distintos. Esses cinco candidatos formam uma aliança eleitoral e chamam-na de partido. Se cada deputado obtiver 200 mil votos, a aliança como um todo terá 1 milhão de votos. Suponhamos que esse voto agregado eleja os três candidatos que obtiveram mais votos individualmente. Eles ganham porque o sistema privilegia as alianças, mas suas vitórias nada devem ao partido, pelo menos não no sentido de um partido que apresente um programa submetido ao voto do eleitorado.[30]

Como demonstrei em *The deadlock of democracy in Brazil*, os deputados brasileiros se elegem por seus próprios esforços. Durante as campanhas, os líderes em quase nada contribuem para os candidatos. Com a fidelidade partidária obrigatória, a razão de ser dos candidatos de primeira viagem desaparece — eles bem podem ficar em casa. As bancadas interpartidárias (como a bancada ruralista) serão prejudicadas.

Ironicamente, uma norma que imponha a fidelidade partidária pode piorar a situação do governo, se este perder a maioria. O presidente Fernando Henrique precisa, no momento, do PMDB, do PFL, do PSDB e do PPB para aprovar leis importantes. Com a fidelidade partidária completa, o governo ganha sem ter de recorrer à barganha, desde que todos os partidos o apóiem. Mas, suponhamos que o PMDB abandone a coalizão em determinada questão. Nesse caso, o governo já não poderá barganhar com os deputados do PMDB que discordarem da maioria do partido. Sem os votos do PMDB, o governo sempre perderá.

Parte da fraqueza dos partidos políticos brasileiros deriva da ausência de vínculos entre os deputados e os líderes dos partidos. Os partidos precisam ficar mais fortes a longo prazo, porém uma autoridade maior no centro dos partidos deve se fazer acompanhar de maior contribuição dos líderes para o sucesso das carreiras dos iniciantes.[31] Os partidos com alto grau de disciplina, como os argentinos e (anteriormente) os venezuelanos, não precisam de regras que imponham a fidelidade partidária porque os deputados sabem que

---

[30] Podemos também imaginar uma competição sem partidos, mas também sem limite efetivo do número de candidatos. Como em São Paulo mil candidatos concorrem a 70 cadeiras, pulverizam, naturalmente, o voto. Praticamente nenhum deles atingirá o quociente eleitoral atual. Os primeiros 70 candidatos serão eleitos, apesar de esse sistema não ter partidos.

[31] Evidentemente, os partidos democráticos podem ser tão fortes a ponto de se tornarem rígidos e pouco sensíveis. A Venezuela e a Colômbia são exemplos óbvios. Ver Coppedge, 1994.

seus futuros dependem da liderança. Se for criada uma regra de fidelidade partidária sem partidos fortes, as conseqüências serão perversas. Alguns deputados simplesmente mudarão de partido. Os dissidentes que não conseguirem encontrar novos partidos a que aderir deixarão o Congresso. A rotatividade aumentará porque os eleitores locais querem deputados que possam angariar fundos para seus distritos. Como é pouco provável que os eleitores entendam que a fidelidade partidária eliminaria a barganha por fundos, eles elegerão alguém que prometa fazer mais pelo distrito. Todas essas conseqüências têm resultados paralelos: o Congresso será um estágio menos atraente na carreira política.

Que reformas políticas têm mais chance de fortalecer os partidos de modo a reduzir o número de atores com poder de veto e ainda manter carreiras legislativas que sejam atraentes? No capítulo 1, afirmei que a representação proporcional com lista aberta pode ser compatível com partidos fortes. No Chile de antes de 1973, por exemplo, os partidos eram fortes porque os estados eram unidades de governo fracas e os líderes partidários nacionais controlavam as nomeações para as chapas do Legislativo. No Brasil, contudo, é difícil imaginar líderes estaduais dispondo-se a abrir mão da autoridade dos estados, e as lideranças nacionais, em vez de se fortalecerem, parecem estar ficando mais fracas. Uma reforma pequena, mas provavelmente significativa, seria a eliminação dos dois turnos nas eleições presidenciais. Como observa Jones (1994), as eleições em dois turnos preservam os partidos pequenos. Embora os partidos pequenos terminem muito atrás no primeiro turno, sobrevivem negociando seu apoio no segundo turno. A transformação da eleição num caso de pluralidade num único turno faria com que muitos partidos pequenos fossem absorvidos pelos maiores.

O financiamento público das campanhas também pode reduzir o número de partidos. Se os candidatos forem proibidos de gastar seus próprios recursos, e se os partidos nacionais destinarem fundos públicos para a campanha dos iniciantes, estes ficarão em dívida com seus partidos. A questão é saber se é possível impedir que os candidatos usem alguma forma de recursos privados em suas campanhas. Aqui se justifica algum otimismo, pois nos últimos anos a imprensa brasileira desenvolveu uma boa capacidade de investigação. Além das organizações não-governamentais, pode-se contar com a imprensa para fiscalizar o cumprimento dos regulamentos das campanhas políticas.

A reforma que mais freqüentemente se cogita envolve a adoção de um regime eleitoral misto no estilo do alemão: um sistema com dois escrutínios combinando distritos de representantes únicos com representação proporcional de lista fechada. A relação dos países que recentemente adotaram tais sistemas é impressionante: Rússia, Hungria, Japão, Itália, Nova Zelândia, Croácia, Geórgia, Lituânia, Ucrânia, Bolívia e Venezuela. Como mostra Regina Smyth (1998), esses sistemas do tipo alemão variam enormemente em pontos essenciais, como a proporção do número de cadeiras da representação proporcional, o mecanismo de vinculação entre as duas eleições, a exigência de filiação partidária, a possibilidade de os candidatos concorrerem em uma ou em ambas as disputas, o patamar da representação partidária e o tamanho médio do distrito. As diferenças entre esses novos sistemas decorrem, em parte, dos motivos que levaram à sua adoção. Os líderes políticos da Nova Zelândia esperavam que o sistema misto aumentasse a representação das minorias (Denemark, 1996). Os políticos italianos procuraram reduzir a fragmentação partidária e aumentar a estabilidade governamental (Morlino, 1996). No Japão, a meta geral foi a luta contra a corrupção (Seligman, 1997).

Em teoria, as eleições distritais devem tender para disputas entre dois partidos, e os representantes dos distritos que elegem um só membro devem dar mais atenção aos interesses locais. Os candidatos das listas fechadas enfocarão a construção do partido, favorecendo a política, e não o garimpo de fundos. Porém, diferenças aparentemente menores entre esses sistemas afetam muito a capacidade dos líderes para persuadir os seguidores e a disposição dos seguidores para cooperar com a construção do partido (Smyth, 1998:5). Se as normas permitirem que os candidatos concorram simultaneamente no distrito e na lista do partido, os custos de concorrer diminuirão, e os candidatos com poucas chances concorrerão na chapa distrital. Em vez de convergirem no lado do distrito, caminhando para uma corrida entre dois moderados (*à la* Duverger), vários candidatos fragmentarão o eleitorado e visarão a grupos específicos de eleitores. Outros fatores também encorajam múltiplas inscrições, incluindo dois que são típicos do Brasil: grande magnitude distrital e listas regionais (em vez de nacionais). No Brasil, em outras palavras, um sistema misto pode gerar representantes distritais com os mesmos vícios que são decorrentes do sistema atual de representação proporcional com lista aberta.

Sistemas mistos vinculam as corridas pluralistas e proporcionais. Em alguns casos (como o da própria Alemanha), as disputas pela representação proporcional determinam a distribuição global das cadeiras do partido. Como observa Smyth (1998:17), "Os candidatos com recursos investem na organização do partido para maximizar seus objetivos. Onde as duas eleições não estão vinculadas, como na Rússia e na Ucrânia, candidatos com recursos fartos e ambição de carreira podem optar por especializar-se ou nos distritos de um só membro ou na representação proporcional para manter o máximo de autonomia no futuro".

Embora apenas o caso alemão já exista há tempo suficiente para permitir alguma certeza quanto a suas tendências de longo prazo, os sistemas mistos parecem produzir resultados mistos. Como mostra Smyth (1998), sob o sistema misto italiano os partidos proliferaram, em vez de consolidar-se. O Partido Liberal Democrático japonês teve bons resultados nas eleições pluralistas, mas seu desempenho no lado da lista foi fraco. Nem a Rússia nem a Ucrânia mostram muito progresso na consolidação em torno de linhas programáticas.

Que se pode aprender com a adoção de sistemas mistos em dois países da América Latina, Bolívia e Venezuela? O sistema misto boliviano, que só vigorou numa única eleição até agora, dividiu o Congresso quase que igualmente em cadeiras para representantes únicos de distritos e cadeiras para representantes proporcionais, estas últimas distribuídas (como na Alemanha) de forma a compensar desproporções nos distritos de representante único. Um patamar nacional de 3% é o mínimo para representação proporcional. Como os candidatos podem concorrer tanto no distrito quanto nas eleições proporcionais, o sistema não deve reduzir sensivelmente a fragmentação. Os eleitores votam duas vezes, mas os votos para presidente, vice-presidente e senador são "fundidos" com o voto proporcional para a Câmara Baixa do Parlamento. Em princípio, o voto assim fundido deve reduzir a fragmentação partidária, uma vez que os resultados dos candidatos vitoriosos à presidência devem fortalecer os contingentes de seus partidos no Legislativo. Na prática, contudo, o voto fundido na Bolívia pouco deve contribuir para redução da fragmentação: a menos que um candidato vença com a maioria absoluta do voto popular, o Congresso escolherá o presidente entre os dois mais votados. Os pequenos partidos têm um incentivo para concorrer e negociar seu apoio aos candidatos que estiverem liderando, antes do segundo turno. Nas eleições de 1997, os resultados confirmaram essa possibilidade. Nenhum partido recebeu sequer um quarto de todos os votos, mas cinco partidos obtiveram pelo menos 16% dos votos.

A Venezuela adotou sua versão do sistema eleitoral misto em 1993 e já utilizou o sistema em duas eleições até agora. Metade das cadeiras é destinada aos distritos de um só membro e metade às chapas proporcionais de lista fechada. A compensação — ajuste dos deputados eleitos nas listas proporcionais para as cadeiras conquistadas nos distritos de membro único — é feita no nível estadual. Os candidatos podem concorrer tanto nos distritos de um só membro quanto na representação proporcional. Os líderes partidários em nível nacional exercem grande influência sobre as nomeações para as chapas de lista fechada.[32]

As reformas venezuelanas buscaram essencialmente abrir o sistema político, em vez de fortalecer os partidos. A excessiva centralização dos partidos tradicionais da Venezuela — Acción Democrática e Copei — havia criado o que Michael Coppedge (1994) chama de "partidocracia," um sistema em que a dominação do partido leva os cidadãos comuns a se sentirem totalmente excluídos da vida política. Assim, as eleições distritais com um único nome foram elementos decisivos na reforma venezuelana. Esses distritos enviariam à assembléia deputados que fossem mais independentes dos líderes partidários e que respondessem melhor aos interesses locais.[33]

Embora o sistema venezuelano ainda esteja evoluindo, os deputados distritais já parecem ter uma orientação um tanto diferente dos deputados das listas fechadas. Michael Kulisheck (1998:25) verificou que os deputados distritais tendem mais a achar que respondem melhor às questões locais e menos aos líderes dos partidos que os deputados de representação proporcional. Os deputados distritais também acreditam que promovem projetos que beneficiam seus eleitores com mais freqüência do que os deputados de representação proporcional. Mas a disciplina partidária não diminuiu, nos principais partidos, Acción Democrática e Copei, desde a adoção do novo sistema. Contrariando as esperanças dos reformadores, os deputados distritais não tendem a cultivar laços com novos interesses estaduais e locais (como associações de bairros ou grupos ambientalistas). Preferem criar laços com os

---

[32] No caso da Acción Democrática, as normas adotadas em 1998 deram à executiva nacional do partido o direito de nomear todos os candidatos para as cadeiras das assembléias estaduais e nacional. O Copei permite que dois terços de seus candidatos em representação proporcional sejam indicados pelas lideranças estaduais e locais (Crisp, 1998:5).

[33] Na Alemanha, Lancaster e Patterson (1990) encontraram evidência de que os representantes de distrito respondiam melhor aos interesses locais que os que formaram as chapas de representação proporcional.

interesses tradicionais, como as empresas e os sindicatos. Para Kulisheck, a insegurança eleitoral dos deputados distritais, que não contam com organizações partidárias fortes para garantir sua reeleição (especialmente no caso dos representantes dos partidos mais novos, mais descentralizados), os leva a apoiarem-se em organizações de interesses estabelecidos. Diante de partidos centralizados, com fortes laços com as organizações estabelecidas, os sistemas mistos provavelmente terão menos efeito sobre o comportamento dos deputados do que num sistema partidário fraco, e mesmo os deputados que têm incentivo para cultivar o voto pessoal buscarão a segurança de alianças com os interesses estabelecidos.

Os partidos dominantes na Venezuela sofreram fortes perdas em seus votos e em sua parcela de cadeiras nas duas últimas eleições, mas a maioria dos estudiosos acredita que essas perdas e a fragmentação daí resultante teriam ocorrido mesmo sem o novo sistema eleitoral. Esperava-se que os dois partidos estabelecidos tivessem bom desempenho nos distritos de único membro, graças à vantagem de sua organização generalizada, mas Acción Democrática e Copei perderam participação nos votos dos dois lados. A experiência venezuelana — especialmente à luz da estrondosa vitória de Chavez nas eleições para a nova Assembléia Constituinte — prova que as reformas institucionais podem afetar apenas marginalmente um sistema partidário já em avançado estágio de decadência.

Em março de 1999, os políticos brasileiros demonstraram que podem efetivamente estar pensando em implantar um sistema eleitoral misto. Os principais partidos da coalizão governamental, especialmente o PSDB, o PMDB e o PFL, propuseram um programa de reforma política em quatro partes.[34] Um de seus elementos pede normas de fidelidade partidária, mas, como forma de diluir sua eficácia, cada partido pode determinar quando e como aplicar a norma. Outro elemento da reforma pede o fortalecimento dos partidos com a adoção de um sistema eleitoral misto, com metade das cadeiras para os distritos e metade para representação proporcional. Mas, no tipo de deliciosa ironia que só é possível no Brasil, o lado proporcional — que é freqüentemente acusado de personalizar a política — continuaria a usar listas abertas. Ora, já que, conforme demonstramos antes, muitos dos atuais deputados já fazem campanhas de fato distritais, e como se espera que

[34] A proposta original estabeleceu também um patamar de 5% dos votos em todo o país (distribuídos em nove estados), o fim das alianças nas eleições proporcionais e um mínimo de três anos no partido antes de concorrer a cargo na chapa desse partido.

as cadeiras distritais fortaleçam não os partidos, mas os laços com as comunidades locais, deixo ao leitor o julgamento das qualidades dessa proposta visando ao fortalecimento dos partidos.

Referências bibliográficas

Ames, Barry. Electoral strategy under open-list proportional representation. *American Journal of Political Science, 39*:406-33, May 1995a.

______. Electoral rules, constituency pressures, and pork barrel: bases of voting in the Brazilian Congress. *Journal of Politics, 57*(2):324-43, May 1995b.

______. *The deadlock of democracy in Brazil*. University of Michigan Press, 2000.

Coppedge, Michael. *Strong parties and lame ducks: presidential partyarchy and factionalism in Venezuela*. Stanford, Stanford University Press, 1994.

Crisp, Brian. Variation in Legislative Entrepreneurship in Venezuela. In: Latin American Studies Association International Congress. Chicago, Il., Sept. 24-6, 1998.

Denemark, David. Thinking ahead to mixed-member proportional representation. *Electoral Studies, 14*:417-39, 1996.

Diaz-Cayeros, Alberto. Political responses to regional inequality, taxation and distribution in Mexico. Durham, NC, Duke University, 1997. (PhD Thesis.)

Graham, Richard. *Patronage and politics in nineteenth-century Brazil*. Stanford, Stanford University Press, 1990.

Jones, Mark. Presidential election laws and multipartism in Latin America. *Political Research Quarterly, 47*(1):41-57, 1994.

Krehbiehl, Keith. *Information and legislative organization*. Ann Arbor, University of Michigan Press, 1991.

Kulisheck, Michael. *Legislators, representation, and democracy: an institutional analysis of deputy responsiveness in Venezuela*. University of Pittsburgh, 1998. (PhD Thesis.)

Lancaster, Thomas & Patterson, David. Comparative pork barrel politics: perceptions of the West German Bundestag. *Comparative Political Studies, 22*:458-77, 1990.

Latin American Regional Report-Brazil. Feb. 9, 1999.

Morlino, Leonardo. Crisis of parties and change of party systems in Italy. *Party Politics, 2*(1):5-31, 1996.

Pinheiro, Daniela. Obras, verbas e votos. *Veja*, 12-11-1997.

Power, Timothy. Parties, puppets and paradoxes: changing attitudes toward party institutionalization in post-authoritarian Brazil. *Party Politics, 3*(2):189-219, 1997.

Rocha, Leonel & Expedito Filho. A caça aos votos. *Veja*, 2-2-1997.

Sabino, Mario. Ele está radiante. *Veja*, 20-1-1999.

Seligman, Albert L. Japan's new electoral system: has anything changed? *Asian Survey, 37*:409-28, 1997.

Smyth, Regina. Candidate responses to mixed electoral systems. In: Meeting of the American Political Science Association. Boston, MA, Sept. 3-7-1998.

Tsebelis, George. Decision making in political systems: veto players in presidentialism, parliamentarism, multicameralism and multipartyism. *British Journal of Political Science, 25*:289-325, 1995.

Weyland, Kurt. Neopopulism and neoliberalism in Latin America: unexpected affinities. *Studies in Comparative International Development, 35*(3), 1996.

Willis, E.; Garman, C. & Haggard, S. The politics of decentralization in Latin America. *Latin American Research Review, 34*(1):7-56, 1999.

Comentários

Amaury de Souza[*]

Primeiramente, gostaria de assinalar que o livro de Barry Ames é um incentivo perfeito para retomarmos um debate que ficou perdido durante o primeiro mandato do presidente Fernando Henrique: o debate sobre a reforma política. O fato de o presidente Fernando Henrique ter aplicado, graças ao sucesso da estabilização monetária, uma injeção de cânfora no nosso presidencialismo deu a todos a sensação de que o fundamental estava feito. Foram necessárias a crise da desvalorização de 1999 e a queda continuada da popularidade do presidente, iniciada logo após sua reeleição em primeiro turno, para nos darmos conta de que, ao contrário, nada vai bem. O sistema político continua tão desequilibrado, ininteligível e imprevisível quanto no passado, donde a extrema atualidade do livro em questão.

Tenho pouquíssima discordância com a abordagem analítica que Barry Ames vem desenvolvendo desde *Political survival*, um livro que inexplicavelmente não foi traduzido entre nós, embora seja um belíssimo estudo sobre a formação da política pública durante os governos militares em comparação com o período democrático anterior. No Idesp, temos trabalhado, Bolívar Lamounier muito mais do que eu, com a idéia de que o sistema político brasileiro conseguiu de alguma forma justapor dois modelos que são normalmente vistos como antitéticos na organização de sistemas democráticos. Por um lado, temos sistemas majoritários associados ao bipartidarismo e federações mais coesas, sistemas em que a formação de maiorias estáveis é a regra básica do jogo político; por outro, temos sistemas que Lijphart chama de consociativos (*consociational*), nos quais o importante é assegurar o direito de veto de minorias. Como é sabido, trata-se de sistemas típicos de sociedades fortemente segmentadas em termos de língua, religião ou etnias, onde o imperativo político é a preservação de um determinado *status quo*, um equilíbrio de poder entre os vários segmentos que se fazem representar politicamente. O gênio brasileiro — para o bem e para o mal — consistiu em conjugar as duas fórmulas na organização do sistema político. Os fundamentos do nosso sistema híbrido — presidencialismo com um sistema legislativo

[*] Pesquisador sênior do Instituto de Estudos Econômicos, Sociais e Políticos de São Paulo — Idesp.

de representação proporcional — estão no código eleitoral de 1932 e ganharam força com o federalismo descentralizado e cooperativo da Constituição de 1946. Continuou a prosperar no autoritarismo militar, quando o governo Geisel ampliou o direito dos estados menos populosos de ter um número de cadeiras na Câmara dos Deputados proporcionalmente maior que o de suas respectivas populações.

Entretanto, o sistema híbrido só alcança a plena pujança na Constituição de 1988. Privilegiar ao máximo a representação de minorias políticas e assegurar o seu poder de veto sobre a formulação da política pública encontra formulação institucional na continuidade das eleições pelo sistema proporcional, na representação desequilibrada dos pequenos estados no Congresso e num federalismo fortemente descentralizado que concede o *status* de ente constitucional aos municípios e permite aos governos subnacionais legislar de forma concorrente com a União. Nem mesmo o Senado, teoricamente constituído para dar igual representação aos estados, escapou do desígnio consociativista de buscar a "justiça federativa" dando mais poder aos estados menores. Alfred Stepan, num excelente artigo publicado recentemente no *Journal of Democracy*, demonstra que o poder de veto de minorias dentro do Senado é tão forte quanto na Câmara dos Deputados. Senadores que representam pouco mais do que 13% da população brasileira podem barrar legislação de nível constitucional apresentada por senadores representando mais de 87% da população do país. Outro ponto a destacar é a existência, também ratificada pela Constituição de 1988, de um sistema eleitoral e partidário extremamente permissivo. Como Ames bem mostra em seu livro e em vários artigos que vem publicando em revistas especializadas, o sistema brasileiro de representação proporcional em grandes circunscrições eleitorais e com listas abertas estimula a multiplicação de legendas partidárias e dilui as ligações entre eleitores e representantes. O mandato torna-se de fato propriedade do eleito, e o partido, apenas uma federação de candidatos vitoriosos.

Como impedir que o estímulo a tais forças centrífugas leve ao esfacelamento do sistema político? A resposta, desde a ditadura do Estado Novo até a Constituição de 1988, tem sido uma só: superimpondo-se a elas uma força maior, um presidente com força plebiscitária, de preferência um presidente eleito com maioria absoluta dos votos. É por essa razão que a Constituição de 1988 mantém todas as instituições consociativas e adota a eleição em dois turnos para os cargos executivos. Caberia ao Executivo plebiscitário imprimir coerência a um sistema fragmentado e habitado por uma multiplicidade de atores com poder de veto. Os resultados têm sido menos do que brilhantes. Tirando o regime militar, de 1945 até hoje apenas três presidentes eleitos pelo voto popular — Dutra, Kubitscheck e Fernando Henrique Cardoso — conseguiram completar seus mandatos. A razão do fracasso tem sido infalivelmente a mesma: a asserção da autoridade plebiscitária do presidente bate de frente contra um Congresso que representa uma constelação de atores com poder de veto, e quase sempre estes últimos vencem. Trata-se, portanto, de um sistema inerentemente instável, propenso à produção de crises e impasses institucionais.

Voltando ao trabalho de Ames, pode-se perguntar qual é o impacto de um sistema como esse sobre a política macroeconômica. A pergunta é importante porque, como num laboratório vivo, estamos vendo isso acontecer agora, diante de nossos olhos. As conclusões de Ames sobre como esse sistema acaba por gerar um viés em favor do déficit fiscal, impedindo que a macroeconomia consiga o grau de estabilidade e previsibilidade requerido para um crescimento sustentado, foram recentemente confirmadas em escala mais ampla. O BID desenvolveu um estudo sobre a relação entre políticas de ajuste fiscal e sistemas de representação na América Latina, tendo concluído que os sistemas de representação proporcional em grandes circunscrições, com fragmentação partidária, tendem a estar correlacionados com o gasto público excessivo. E não é apenas por causa da fisiologia, mas também pela dificuldade de se formar maiorias coesas, estáveis e responsáveis nas votações do Congresso.

Esse aspecto da influência de sistemas consociativos e permissivos, que valorizam em demasia o direito das minorias de impor sua vontade sobre a maioria, como é o nosso caso, nos leva ao segundo ponto de Ames. Segundo ele, é muito bom ter atores com poder de veto quando o principal interesse sistêmico é a manutenção do *status quo*. Ora, no caso brasileiro, a manutenção do *status quo* implica a manutenção dos níveis de pobreza e desigualdade em que nos encontramos. Na verdade, a conseqüência da operação do poder de veto de minorias é algo que já sabíamos de antemão. Tome-se a nossa política social de hoje. Duas coisas saltam aos olhos. Primeiro, gastamos em política social um percentual do PIB similar ao de países desenvolvidos. Segundo, raramente os benefícios criados atingem os mais pobres. Há ampla documentação a esse respeito nas pesquisas feitas pelo Ipea sobre pobreza e desigualdade.

O corte da desigualdade no Brasil vai muito além daquilo que comumente chamamos de elites. Ele atinge mais fundo, beneficiando a classe média e até o operariado do setor formal. A desigualdade está no ensino público gratuito para a classe média, na destinação do seguro-desemprego para desempregados que, na sua grande maioria, não são pobres. Eis o preço da valorização exagerada do poder de minorias sobre a vontade da maioria.

Meu terceiro comentário tem a ver com a reforma desse sistema. Uma importante tradição de reflexão política e o próprio tom do debate público brasileiro definharam com a derrota do parlamentarismo no plebiscito de 1993. Até ali, não importa se contra ou a favor, pensava-se de maneira abrangente e ambiciosa sobre a reforma política. Depois, medrou entre nós um neo-realismo político que celebra a vida política como ela é, convencido de que o que existe não é apenas bom, mas é também o melhor que podemos almejar. A partir da vitória do presidencialismo, surgiu a ilusão de que o problema político se resolveria por si mesmo. A primeira e mais danosa dessas ilusões surgiu no rescaldo do *impeachment* de Collor: a ilusão de que o presidencialismo brasileiro era capaz de gerar seus próprios anticorpos e assim reestabelecer o equilíbrio perdido. Essa ilusão nos fez suportar a insustentável leveza do governo Itamar Franco, com a sociedade carregando o presidente nas costas para evitar uma crise política de conseqüências imprevisíveis. Outra ilusão foi o relativo rejuvenescimento do presidencialismo que resultou do sucesso da política antiinflacionária do presidente Fernando Henrique Cardoso. O preço dessas ilusões tem sido o abandono da reforma política ou, pior, a possibilidade de que sua tramitação no Legislativo, na ausência de amplo debate público, possa resultar em propostas que busquem antes preservar do que reformar o sistema atual. Como acentua Ames, é possível introduzir mecanismos que tornariam o sistema reformado possivelmente pior do que o sistema que temos hoje. Bastaria adotar listas abertas para o componente proporcional do voto distrital misto e permitir que os candidatos que disputam na lista majoritária disputassem também na lista proporcional.

Mas a verdade é que seguimos carentes de reforma. Mudanças têm ocorrido. A própria conjugação da votação em dois turnos com eleições casadas em todos os níveis (exceto o municipal) tem promovido uma lenta movimentação dos partidos para ganhar escala. A eleição em dois turnos, como Ames bem o destaca, incentiva a sobrevivência de pequenos partidos na medida em que candidaturas nanicas correm a disputar o primeiro turno para acumular capital político que possa ser barganhado por apoio aos candidatos que se enfrentam no segundo turno. A eleição casada e o próprio crescimento do eleitorado, em regime de voto obrigatório, criam fortes incentivos para a constituição de grandes organizações partidárias, anulando em parte os efeitos fragmentadores da *balottage*. Por outro lado, existe um incipiente movimento de reforma política no Congresso que, embora seja calcado em medidas isoladas, deverá provocar novos movimentos de mudança. Aprovaram-se há pouco na Comissão Especial da Reforma Política do Senado, já tendo seguido para a Câmara, duas medidas de reforma: a proibição de coligações em eleições proporcionais e a introdução de listas fechadas nas eleições legislativas. Duas outras medidas encontram-se em processo de votação no Senado. A primeira é uma cláusula de barreira para a representação de legendas minúsculas no Congresso. Essa cláusula visa a impedir o acesso ao horário gratuito de rádio e televisão e ao fundo partidário dos partidos que tenham conquistado menos de 5% da votação nacional. A outra medida é a que determina a fidelidade partidária. É concebível que as três primeiras medidas possam contribuir para a formação de partidos com maior escala e abrir caminho para a adoção do voto distrital misto. Entretanto, estabelecer a fidelidade partidária pela via de estatuto, como sugere Ames, pode ser um excelente mecanismo para a administração interna dos partidos, mas péssimo para a viabilidade de um sistema presidencialista com multipartidarismo fragmentado. Passar de uma situação em que o presidente precisa construir maiorias *ad hoc* para cada nova iniciativa de legislação para outra situação em que ele será confrontado por blocos guiados por estrita fidelidade partidária poderá funcionar, desde que prevaleça o apoio dos partidos à sua ação. No momento em que surgir um bloco de oposição suficientemente grande para barrá-lo, estarão plantadas as sementes do impasse institucional. A fidelidade partidária deveria ser conseqüência da reforma eleitoral, estabelecendo-se mecanismos de controle sobre os representantes desde sua escolha pelas convenções partidárias.

Já a cláusula de barreira e, principalmente, a proibição de coligações criam poderosos incentivos para a mudança política, os quais possivelmente serão visíveis já nas eleições de 2002. Não é por outra razão que vários partidos começaram a entabular entendimentos para uma possível fusão. Esse processo tem sido capitaneado pelo PDT, que negocia uma mudança de escala à direita, com o PTB, e à esquerda, com o PSB e o PCdoB. Não se sabe em que direção o PPS se moverá, até mesmo porque ele tem um trunfo que falta aos demais partidos — um candidato presidenciável, que obteve 11% dos votos na última eleição. Será curioso ver a que grande partido o PPS se acoplará, pois certamente não deixará de fazê-lo. Dessa forma, é possível que uma reforma feita longe dos olhos do eleitorado e ao sabor das conveniências do Congresso possa resultar em partidos um pouco mais encorpados e na redução do número de siglas representadas no Congresso. Dificilmente teremos uma política melhor por causa disso. Sem uma reforma mais profunda do sistema eleitoral, os partidos continuarão a ser tão invertebrados quanto hoje, e os grupos de veto farão sentir sua influência em outro plano.

Na discussão, alguns pontos parecem claros. Talvez seja bom fazer algumas distinções. Obviamente, a discussão suscitada pelo trabalho de Ames insere o veto num contexto político e democrático. Portanto, outros tipos de veto não estão incluídos, pelo menos na minha exposição, embora eu discorde de que um veto via Judiciário seja um veto. O veto, no contexto político, tem por motivação impedir aquilo que se interpreta como tirania da maioria, inclusive a implementação do programa de governo de um presidente eleito pela maioria absoluta dos votos. Esse é o sentido explícito do veto. A idéia do veto político aparece quando existem indícios de que há na sociedade interesses que, se não foram especificamente representados e protegidos, serão massacrados pela maioria. É claro que em toda a sociedade existem minorias e maiorias.

O caso da previdência é um excelente exemplo e vale a pena abordá-lo rapidamente. A teoria do veto foi utilizada no pós-guerra civil norte-americano para reivindicar a proteção de interesses minoritários sulistas; foi amplamente utilizada nos Países Baixos para assegurar uma representação adequada a populações que falam diferentes línguas; e foi a base de um longo período de convivência política entre católicos e muçulmanos no Líbano. Quando é evidente que existem na sociedade segmentos cujos interesses podem ser de fato esmagados pela maioria, há base para montar um sistema consociativo, assegurando-se o poder de veto aos interesses minoritários. Que segmentos são esses no Brasil? Que interesses são esses que precisam de 30 partidos políticos para representá-los? Quem na sociedade brasileira forma uma minoria tão específica que necessite uma representação dessa natureza ou um partido próprio? A política brasileira é uma política que só tem três pólos. Dê-se o nome que se quiser dar, só existe esquerda, centro e direita. E a política se articula em termos dessas idéias. Somos uma nação uniforme do ponto de vista lingüístico, a religião não tem grande relevância, a etnicidade tem grande relevância do ponto de vista da desigualdade mas curiosamente o nosso sistema consociativista nunca permitiu que grupos étnicos minoritários, como os negros, se organizassem como partido. Que outros segmentos precisam de representação e poder de veto? Não, não existe nada disso. Nosso sistema consociativista é montado para atender ao oportunismo de políticos profissionais. Ele existe para permitir que qualquer um possa criar uma legenda, eleger-se de qualquer forma, fazer o que bem entender. Essa é a base do nosso sistema de vetos. Por isso Ames diz que esse é um sistema de auto-representação. O sujeito chega lá apenas para defender o dele.

É interessantíssima a discussão de Ames, pois na passagem do regime militar para o civil, ao jogar o entulho autoritário pela janela, acabamos jogando também a idéia do interesse público. Quando Ames mostra como um deputado vota num país vizinho, o Chile, isso soa estranho para um brasileiro. Soa estranho porque nossa experiência de democratismo nos levou a uma situação polarizada entre duas formas de atuação política. Uma é um plebiscitarismo radical que vez por outra reaparece. São as rupturas democráticas que agora entraram na moda. Felizmente, o presidente Hugo Chavez foi derrotado por uma metáfora do Arnaldo Jabor, para quem esse presidente faz lembrar um porteiro de boate da praça Mauá. E toda vez que o vê, sente uma vontade irresistível de lhe dar uma gorjeta. Rupturas democráticas desse tipo, esse plebiscitarismo radical, perigoso e fascista, no fundo nada mais são do que mobilizações oportunistas. No outro extremo de nossa vida política está a aceitação passiva de todas as formas de corrupção política, da compra de votos, da manipulação eleitoral e política como algo que passa por característica cultural inarredável. Somos assim; então, não há como mudar isso. Passamos por um período de ilusão nos últimos quatro anos, achando que tudo isso tinha desaparecido. Por quê? Porque tínhamos um presidente educado, civilizado e com poder, algo até difícil de reconhecer. Tanto assim que não reconhecemos que seu poder derivava, em larga medida, do fato de ter posto a inflação sob controle. Sem ela, descobrimos que nossa vida girava como um pião ao redor da mudança diária de preços, criando a impossibilidade de prever, de pensar no futuro, de pensar no longo termo, condenando-nos a ser um país que vivia o dia de hoje, da mão para a boca, como se isso fosse o normal na existência das nações. O Estado recolhia seu imposto inflacionário, o que lhe permitia gastar mais e empurrar o problema para a frente; poucos ganhavam, a grande maioria era sacrificada e achávamos isso normal. Quando isso acabou, dissemos: "Bom, o presidencialismo funciona, as instituições políticas funcionam". Tudo caiu nos eixos. Estamos agora em situação ímpar para ver no que deu a postergação da reforma. Como é possível um presidente eleito com a maioria absoluta dos votos em outubro de 1998 tornar-se quase um pária menos de três meses depois? Sem a consolidação da vontade majoritária, sem uma organização partidária forte no Congresso e na sociedade, a volatilidade continuará comandando a vida política.

Algumas das razões por que o sistema funciona dessa maneira estão expressas nas próprias questões que me foram propostas. Quando me referia à questão dos vetos, eu me referia unicamente ao direito de minorias de vetar a vontade da maioria. Isso acontece quando um projeto apresentado por deputados do Sudeste e do Sul, onde está a maioria esmagadora da população, a população mais urbanizada, mais educada, mais politizada e mais consciente, é barrado por uma maioria artificialmente engendrada de deputados eleitos por estados com baixíssimo quociente eleitoral. A maioria absoluta das cadeiras na Câmara dos Deputados está nas mãos de deputados que vêm de estados escassamente povoados. No Acre, um deputado federal se faz com três, quatro mil votos. Escamotear o princípio de um homem, um voto é uma usurpação do poder da maioria para privilegiar minorias que são *self-serving*, que se auto-representam. Isso não tem qualquer dimensão de interesse público, de classe social, de região, de nada! Isso tem a dimensão de uma espoliação, pura e simplesmente. A mesma coisa ocorre no Senado. Citei os dados de Stepan: senadores que representam 87% da população apresentam uma emenda constitucional e são derrotados por senadores que representam 13% do país. Nem sequer reconhecemos mais os partidos. Os partidos, hoje, são o que são num determinado momento, amanhã já serão diferentes. É preciso que os partidos tenham uma vida orgânica interna, são necessárias instituições eleitorais e políticas que levem as pessoas a se comprometer com um programa ao entrar num partido e que esse partido tenha mecanismos eficazes para disciplinar quem não pautar sua atividade política pelas diretrizes programáticas. A Constituição estabelece que a disciplina partidária é uma questão da economia interna dos partidos. Mas qual é o partido que consegue expulsar um deputado ou um senador? Nenhum consegue. Nem o PT conseguiu. Os expulsos vão ao Judiciário e conseguem a reincorporação. São instituições, e não pessoas, que geram esses resultados. Apesar de tudo, as coisas acontecem. Claro, as coisas acontecem. Minha pergunta é: a que custo? Por exemplo, o que conseguimos fazer durante o Plano Real? O único conjunto coerente de medidas que passou foi aquele relativo à abertura da economia, que aliás tem dado fôlego para que a economia continue crescendo. A reforma da previdência social está até hoje empacada no Congresso. Temos cerca de 900 mil funcionários públicos aposentados que consomem tantos recursos quanto 15 milhões de aposentados do setor privado. Não conseguimos fazer aprovar uma reforma tributária. Sempre pensamos numa federação que seja descentralizada e autônoma, mas na qual o dinheiro venha do governo federal. Uma federação, para ter autonomia e descentralização, deve deixar que estados e municípios quebrem quando gastarem mais do que arrecadam. Estados e municípios que não têm capacidade de arrecadação tributária não devem existir como entes autônomos. O que não podemos é viver numa federação em que o contribuinte brasileiro financie a irresponsabilidade fiscal de governadores e prefeitos. Portanto, a pergunta é: a que custo as coisas acontecem? Os custos são gigantescos. Se nossa distribuição de renda não é um indicador de insucesso, não sei mais o que será. E é possível buscar as origens disso na ação de instituições políticas e na irresponsabilidade que esse sistema produz. Esse é um ponto importante que Ames trouxe à baila: como é possível fazer valer qualquer tipo de demanda num sistema em que o cidadão nem sequer sabe quem o representa? Não sabe porque as circunscrições eleitorais são gigantescas; não sabe porque o mecanismo da representação proporcional pega o voto que deu a um determinado candidato e o esteriliza através do processo de sobras; não sabe porque o representante eleito está hoje num partido e amanhã em outro. E afinal, o representante, a rigor, não deve satisfação a ninguém. Não existem mecanismos para obrigá-lo a prestar conta de seus atos. Pensar que uma nação de 160 milhões de habitantes, dos quais cerca de 107 milhões estão habilitados a votar, possa ser estável sem que o eleitor tenha condições de fazer valer os seus direitos deve ser a ilusão das ilusões. É isso que abre caminho para as chamadas rupturas democráticas, para o plebiscitarismo radical. O custo pode ser ainda maior do que é hoje. Ames falou de algo de que nos esquecemos: o interesse público. Entendemos bem o interesse individual, pessoal, que é praticado pelos nossos representantes. Mas nos esquecemos da dimensão do interesse público. Esse, a meu ver, é o maior risco.

Capítulo 3

Elaboração de políticas econômicas em nível subnacional no Brasil: uma colcha de retalhos*

*Alfred P. Montero***

A maior parte da história do desenvolvimento brasileiro no século XX foi dominada pelos mecanismos de formulação de política do Estado central — planejamento oficial, financiamento de dívida, protecionismo comercial e agências de desenvolvimento, como o Banco Nacional de Desenvolvimento Econômico e Social (BNDES).[1] Diante de uma aguda crise fiscal na década de 1980, as políticas industriais desenvolvimentistas que esse aparato havia conduzido paralisaram-se, entrando em seguida em lento processo de erosão (Castro, 1994). A crise do desenvolvimentismo foi acompanhada por um processo dualista de democratização do regime autoritário que governou o Brasil de 1964 a 1985 e de descentralização do Estado.[2] Essas três seqüências — democratização, descentralização e erosão do desenvolvimentismo nacional — criaram as condições para o surgimento — e, em certos casos, a reforma — de estruturas fiscais e mecanismos subnacionais de formulação de políticas.

Conquanto os estados brasileiros tenham sempre desempenhado importante papel na elaboração das políticas no país, no período mais recente de mudanças institucionais foram-lhes transferidos mais poderes, recursos e res-

---

* Tradução: Paulo Martins Garchet.

** Professor do Departamento de Ciências Políticas do Carleton College (EUA).

[1] A literatura sobre a atuação do Estado no período desenvolvimentista brasileiro é vasta. Ver Baer, 1965; Evans, 1979; Martins, 1985; Schneider, 1991; Shapiro, 1994; e Willis, 1995.

[2] Embora haja muitos estudos sobre o período da recente democratização brasileira (ver, por exemplo, Stepan, 1989), dedicou-se muito menos atenção à descentralização da autoridade e dos recursos que precedeu, acompanhou e seguiu-se à transição do regime. Entre as exceções mais recentes estão Abrúcio (1994), Souza (1997), Selcher (1998) e Montero (2000). Para uma útil análise da descentralização na América Latina que inclui o caso brasileiro, ver Willis, Garman & Haggard, 1999.

ponsabilidades políticas que em qualquer outra fase da história brasileira. A descentralização fiscal ocorrida durante o regime militar e durante a transição, mais notadamente após a Constituição de 1988, deu aos estados um controle sem precedente sobre as políticas fiscal, social e econômica.[3] Ao longo das décadas de 1980 e 90, à medida que diminuíam as responsabilidades federais em saúde, educação e política industrial, crescia o envolvimento dos níveis subnacionais nessas áreas (Affonso, 1995). Pelo final dos anos 1990, os governos subnacionais do Brasil respondiam por 44% de todos os gastos com saúde e por 69% das despesas com educação, além de concederem um montante de financiamento duas vezes maior que o poder central (Afonso, Ramundo & Araújo, 1998).

Apesar das responsabilidades e dos recursos reais desses atores subnacionais para formulação de políticas, os estudiosos do Brasil ainda não estão certos quanto ao significado desse papel fortalecido e vêem os estados ou como obstáculos à reforma econômica ou como inovadores de políticas. No primeiro caso, os estados são vistos como "atores com poder de veto", opositores da reforma fiscal nacional (Mainwaring & Samuels, 1999; Bonfim & Shah, 1994). Essa análise acompanha os incentivos às carreiras dos governadores na medida em que protegem sua autoridade e seus recursos mobilizando os deputados federais e os políticos municipais cujas carreiras dependem de seus laços com seus governadores (Samuels, 1998). Essa bancada pró-estados (bancada subnacional) age como "ator institucional com poder de veto" no Legislativo federal (e, principalmente na Câmara Alta, o Senado, como regulador privilegiado dos direitos dos estados) protegendo os novos direitos concedidos na Constituição. Age também, no sistema partidário, como "ator partidário com poder de veto", opondo-se à legislação que ameace comprometer os poderes dos governadores, especialmente sua autoridade sobre gastos e taxação. Em vista do grande número desses "atores com poder de veto", os custos de implantação de qualquer reforma a partir do centro são mais altos do que seriam num estado mais unitário.[4]

Enquanto a abordagem dos atores com poder de veto sugere que os estados brasileiros são intrinsecamente opositores conservadores da reforma

---

[3] Uma análise mais abrangente do fortalecimento do papel dos estados pode ser vista nas coletâneas de múltiplos volumes organizadas pela Fundação do Desenvolvimento Administrativo (Fundap). Ver Affonso & Silva, 1995.

[4] Tsebelis (1995) mostra a distinção entre atores "institucionais" e "partidários" com poder de veto e a lógica dos números como fator de constrangimento às reformas.

política, a outra visão considera os governos subnacionais uma importante arena para a inovação política. Essa análise costuma focalizar as "histórias de sucesso" subnacionais, como o processo participativo de orçamentação de Porto Alegre, ou as políticas sociais e econômicas da região pobre no norte do estado do Ceará.[5] O que essas análises têm em comum é a visão de que os governos subnacionais no Brasil têm distintas motivações e capacidades para impor reformas. O papel dos estados na agenda da reforma não se reduz ao exercício do "veto".

Embora cada uma dessas abordagens ilumine uma dimensão particular das complexas políticas de governo e da elaboração de políticas econômicas subnacionais, nem a abordagem dos "atores com poder de veto" nem a das "histórias de sucesso" permitem uma visão satisfatória do papel fortalecido dos estados. Cada uma dessas perspectivas sofre de um problema distinto de generalização. A abordagem dos "atores com poder de veto" presume que os interesses de cada estado podem ser reduzidos ao incentivo à carreira de seus líderes políticos. Vista mais de perto, contudo, a real estrutura dos incentivos políticos é bem mais complexa, envolvendo não apenas os interesses individuais de carreira, mas também incentivos desenvolvidos a partir das interações estratégicas com as agências e elites do Estado central. Em conflitos com o Estado central, os governos estaduais têm conseguido impedir que a presidência implante reformas do sistema de previdência social, do serviço público e dos códigos tributários. Todas implicam modificações na Constituição de 1988 que alteram os direitos dos estados. Ainda assim, os estados têm tido menos sucesso em evitar que o presidente utilize sua autoridade legislativa, na forma de limitados decretos presidenciais — as medidas provisórias —, e os poderes fiscais de emergência concedidos em legislação anterior para subornar e ameaçar os estados, forçando-os a implantar individualmente as reformas fiscais (Couto, 1998). A capacidade de "veto" de cada estado às reformas nacionais tem variado, devido à dinâmica do conflito intergovernamental.

A abordagem das "histórias de sucesso" deixa de explicar por que os exemplos de "bom governo" não se difundem por toda a Federação brasileira. Ela não é capaz de explicar por que alguns casos positivos surgem e se

[5] Entre os exemplos recentes desse foco em "histórias de sucesso" estão o excelente estudo de Tendler (1997) sobre políticas sociais e econômicas no Ceará e a literatura monográfica emergente sobre Porto Alegre (por exemplo, Genro & Souza, 1997). Outros estudos úteis são discutidos em Arretche (1996) e Spink & Clemente (1997).

mantêm, enquanto outros fracassam ou vão-se deteriorando. Mais ainda, vistos na perspectiva nacional, alguns desses episódios de bom governo têm gerado efeitos secundários perversos. Por exemplo, ao fortalecimento do papel dos estados na implantação de política industrial seguiu-se acirrada concorrência entre eles pelo investimento estrangeiro, levando a onerosos esquemas de incentivos fiscais que a imprensa brasileira chamou de "guerra fiscal".

No presente ensaio, argumento que os problemas das abordagens dos "atores com poder de veto" e das "histórias de sucesso" advêm de não apreciarem o padrão altamente diferenciado da elaboração de política econômica em nível subnacional no Brasil. Essa verdadeira colcha de retalhos surge em decorrência da falta de uma estrutura nacional capaz de governar a elaboração dessas políticas econômicas subnacionais (Afonso, 1996) resultantes de processos que se entrecruzam. A descentralização de autoridade e recursos para os estados no contexto da democratização do regime e da erosão das instituições de nível nacional desenhadas para regular a intervenção do Estado no mercado aumentou os custos do estabelecimento de uma ordem federal coerente. Diante das exigências econômicas e de uns poucos impedimentos ou restrições institucionais nacionais, os estados, que acabavam de receber essa nova autoridade, começaram a adotar suas próprias estratégias individuais.

Embora esse padrão de colcha de retalhos na elaboração de políticas econômicas subnacionais seja complexo, suas implicações são claras em duas áreas distintas de políticas: a reforma fiscal e a política industrial. Na reforma fiscal, os estados agiram como a abordagem dos atores com poder de veto teria previsto, mas enfrentaram pressões contrárias vindas de cima. Na década de 1980 e no início da de 90, os estados resistiram aos esforços do governo federal para controlar os altos níveis de gastos que prejudicavam a estabilização macroeconômica. O advento do Plano Real em meados de 1994 e o início do governo de Fernando Henrique Cardoso em 1995, porém, deram novamente algum poder de barganha ao governo central, permitindo que o presidente tornasse a centralizar autoridades e recursos. Em 1999, esses esforços haviam resultado numa série modesta de reformas fiscais subnacionais baseadas em arranjos institucionais casuísticos.

O advento de reformas fiscais subnacionais é uma charada para a abordagem dos atores com poder de veto, uma vez que o número de tais atores não mudou, nem antes nem durante o processo de reforma. Fernando Henrique conseguiu evitar que os estados formassem uma frente unida, o que lhe permitiu negociar com cada estado individualmente. Isso não bastou para realizar reformas constitucionais, mas foi bastante útil na condução do reescalonamento da dívida e na privatização de empresas públicas de propriedade de certos estados e cidades importantes. Meu argumento é que esse processo interativo de conflito intergovernamental explica o advento de reformas numa situação na qual a abordagem dos atores com poder de veto previa que não haveria mudanças.

Conquanto uma abordagem de conflito distributivo intergovernamental ajude a explicar o padrão colcha de retalhos da reforma fiscal, revela menos a respeito dos desempenhos divergentes dos estados em política industrial. Nessa área, o governo de Fernando Henrique Cardoso não criou qualquer estrutura nacional. Isso permitiu que os estados continuassem adotando suas próprias políticas desenvolvimentistas, mas nem todos dispunham da mesma capacidade para elaborar e implementar políticas industriais. Alguns estados brasileiros tinham mais experiência com política de desenvolvimento, burocracias econômicas organizadas e uma liderança política que apoiava essas agências públicas.

Em vez de enfocar exclusivamente as "histórias de sucesso" no tocante à capacidade relativa dos governos estaduais para organizar e manter políticas industriais, apresento argumento que pode ser generalizado. Com base numa comparação das políticas econômicas de Minas Gerais e do Rio de Janeiro, argumento que a capacidade dos estados para desenvolver e manter uma política industrial depende da existência de um nível relativamente alto de acordo entre as lideranças estaduais em torno das idéias fundamentais da política industrial à época em que as instituições políticas são criadas. Essas políticas se mantêm, pois, através do desenvolvimento de laços horizontais intercruzados entre agências e empresas, laços que aumentam a responsabilidade (*accountability*). Os laços horizontais também aumentam a flexibilidade das agências na resposta a mudanças nas condições econômica e política.[6]

O padrão colcha de retalhos na elaboração de políticas econômicas subnacionais no Brasil evoluiu de um modo que nem a abordagem dos "atores com poder de veto" nem a das "histórias de sucesso" poderiam prever. Na reforma fiscal, o padrão tornou-se mais uniforme à medida que Fernando Henrique foi capaz de extrair mais compromissos subnacionais com a reforma. Na política industrial, porém, a falta de qualquer estrutura nacional levou a um padrão mais variado.

---

[6] Esses argumentos são desenvolvidos em Montero, 1999a e 1999b.

Apresento a seguir um esboço de como a combinação de descentralização, democratização e erosão do desenvolvimentismo criou condições propícias ao surgimento desse padrão colcha de retalhos na elaboração de políticas subnacionais. Depois, volto-me para a fase mais recente da descentralização e do processo de elaboração de políticas econômicas no Brasil para explicar a evolução de padrão semelhante nas reformas fiscais e nas políticas industriais dos diversos estados.

Descentralização da política econômica nas décadas de 1980 e 90

Se a erosão do modelo desenvolvimentista deu aos estados brasileiros motivo para elaborarem suas próprias políticas industriais, a descentralização da autoridade política e dos recursos deu-lhes os meios para tanto. Ambos os processos coincidiram com a transição do regime militar, criando incentivos para que os governadores ampliassem os poderes dos estados e empregassem seus recursos de maneiras que trariam conseqüências negativas para a estabilização macroeconômica e a reforma fiscal. Esses processos foram causa e conseqüência da falta de uma estrutura nacional federal no momento em que o Brasil passava por múltiplas transições, nas décadas de 1980 e 90. Sem tais instituições de governo, os estados ficaram livres para taxar, gastar e intervir no mercado.

A primeira das transições brasileiras envolveu a erosão do modelo de desenvolvimento com substituição de importações. Esse período foi marcado por uma intensa crise fiscal do Estado que restringiu severamente o financiamento que as empresas públicas e agências nacionais de desenvolvimento, como o BNDES, tinham à sua disposição (Pereira, 1993; Willis, 1995). A produção pública, como percentual do investimento bruto, caiu de 21% em 1982 para 6% em 1990 (*Indicadores Desep,* 1994:43). No médio prazo, porém, a drástica redução da capacidade empresarial do setor público brasileiro não produziu uma economia mais estável. O contínuo adiamento das extensas reformas fiscal e administrativa durante os primeiros governos civis da transição democrática (José Sarney, 1985-90; Fernando Collor, 1990-92; Itamar Franco, 1992-94) levou a uma sucessão de planos de estabilização fracassados. Estratosféricas taxas mensais de inflação, superiores a 60%, não foram raras na maior parte do final da década de 1980 e início da de 90. A espiral inflacionária só foi interrompida em meados de 1994, com o Plano Real de Fernando Henrique Cardoso.

A recuperação parcial da indústria brasileira, o desempenho positivo das exportações de *commodities* no final da década de 1980 e início da de 90, e a escassez de financiamento externo limitaram o crescimento da dívida, mas os estados continuaram profundamente endividados, cada vez mais junto a fontes domésticas (Pereira, 1996; Coutinho & Ferraz, 1994). Nos anos 1990, as reformas fiscais, particularmente a reestruturação fiscal do Estado, continuaram a ser prejudicadas pela fragmentação do Legislativo, pela anemia dos partidos políticos[7] e pelo generalizado casuísmo dos empresários, dos trabalhadores e de outros interesses políticos (Weyland, 1996; Mainwaring, 1997).

A ausência de uma reforma fiscal sustentada e a prioridade dada à estabilização relegaram a política industrial a uma posição secundária. Altas taxas anuais de inflação e crescentes déficits fiscais solaparam as sucessivas tentativas dos governos Sarney e Collor de implantar suas próprias "políticas industriais" (Suzigan, 1992). O Programa Nacional de Privatização (PND) de Collor, que foi consolidado sob Fernando Henrique, significou o final do velho modelo desenvolvimentista: dezenas de empresas públicas foram reestruturadas e levadas a leilão (Almeida, 1996).[8]

A erosão do modelo desenvolvimentista foi acompanhada por dois processos dialeticamente relacionados: descentralização do Estado e democratização. Na reforma fiscal de 1966/67, os militares delegaram recursos fiscais aos estados através do imposto sobre circulação de mercadorias (ICM).[9] A partilha intergovernamental das receitas foi expandida em 1983 com a emenda Passos Porto dos militares. Mas somente com a democratização do regime foi que as elites subnacionais ganharam um novo espaço para aplicar seus

[7] A fragilidade do sistema partidário brasileiro está analisada em extensa literatura que não me seria possível citar aqui. Ver Mainwaring, 1999.

[8] Ainda que o pensamento dos administradores do BNDES que gerenciaram o programa nacional de privatização estivesse longe de ser neoliberal, sua abordagem pragmática, usando a privatização como mecanismo de reestruturação de alguns "setores estratégicos", como o siderúrgico, foi limitada (Montero, 1998). O governo de Fernando Henrique Cardoso fortaleceu o banco, mas deixou de criar uma estrutura nacional para reforma industrial que coincidisse com as centenas de iniciativas no nível subnacional.

[9] O ICM representou uma melhoria em relação aos impostos estaduais sobre as vendas porque incide apenas sobre o valor agregado em cada estágio de produção. O Senado estabelece as taxas desses impostos sobre valor agregado, mas os estados podem fixar taxas sobre vendas interestaduais dentro de uma faixa definida pelo Senado. As reformas também permitiram que as cidades administrassem seus próprios impostos, basicamente o imposto sobre serviços de qualquer natureza (ISS), que não incide nos serviços já taxados pelo ICM. O governo federal reteve os demais impostos comerciais, como o imposto sobre produtos industrializados (IPI), também este um imposto sobre valor agregado.

recursos ampliados. A eleição direta de governadores em 1982 resultou numa devastadora derrota do partido pró-militares, o Partido Democrático Social (PDS), e na elevação ao poder de governos de oposição nos estados economicamente desenvolvidos de São Paulo, Rio de Janeiro, Minas Gerais, Espírito Santo e Paraná. Essas eleições produziram um grupo de elites subnacionais com proeminência nacional que, na ausência de um presidente eleito diretamente, foram identificadas como arautos da transição (Kugelmas, Sallum Jr. & Graeff, 1989).

Sem um presidente eleito diretamente, as elites do Estado central tiveram prejudicada a sua capacidade de criar, *de cima*, uma estrutura democrática para governo da ordem federal em evolução. Em conseqüência, as elites subnacionais tiveram uma influência desproporcional na definição das regras das relações intergovernamentais. Fortalecidas por sua legitimidade eleitoral, pela inexistência de partidos disciplinados e pelos recursos fiscais ampliados, essas elites mobilizaram amplas redes distributivas e clientelistas (Hagopian, 1996; Ames, 1995; Abrúcio, 1994; Samuels & Abrúcio, s.d.). Tiveram sua arena mais eficaz na Assembléia Constituinte que elaborou a Constituição de 1988. A própria Assembléia tornou-se um fórum para debate de interesses subnacionais, particularmente nos subcomitês para revisão de impostos e dos acordos de compartilhamento de receita (Souza, 1997, cap. 3 e 4).[10] Essas *bancadas subnacionais* tiveram sucesso na aprovação das regras constitucionais que descentralizaram os recursos fiscais.

A importância do processo de elaboração da Constituição na consolidação da democratização deu legitimidade democrática a essas transferências de direitos (Sola, 1995:40). O resultado dessas lutas foi uma relação de interdependência entre democratização e descentralização da política econômica. Enquanto a ampliação do poder dos governadores ajudou a descentralizar a autoridade, acelerando a democratização do regime, a descentralização aumentou também a importância da arena política subnacional como domínio para formulação de política econômica (Montero, 2000).

[10] A Constituição de 1988 eliminou os impostos federais sobre transportes, eletricidade, combustíveis e mineração e combinou-os no ICMS. Expandiu, também, a emenda Passos Porto, aumentando as transferências para estados e municípios, organizadas no Fundo de Participação dos Estados (FPE) e no Fundo de Participação dos Municípios (FPM). O crescimento das transferências federais e a expansão do ICMS levaram a uma queda na parcela federal das receitas de impostos e a um conseqüente aumento nas partes dos estados. Os municípios tiveram sua participação aumentada de 20 para 25%.

Mudanças na política econômica nacional durante o período de estabilização macroeconômica encorajaram os estados a assumir papel mais ativo na elaboração de política econômica. Do ponto de vista das elites subnacionais, a crescente popularidade das prescrições da política federal em favor da "descentralização, privatização, desregulação e liberalização" significou nada menos que um recuo do Estado central em relação a suas tradicionais responsabilidades pelo desenvolvimento (Afonso, 1995:59).

Tendo um motivo, os governos subnacionais apenas precisavam de um *fiat* legislativo. A Constituição de 1988 deu aos estados autoridade para desenvolverem políticas econômicas que não estivessem na jurisdição do Estado nacional. Como se trata de uma autorização aberta, os estados passaram a ter autoridade para investir em seus próprios desenvolvimentos. Mais de 90% das transferências fiscais intergovernamentais não tinham destinação especificada em Brasília, ficando livres para serem gastas à discrição dos governos estaduais e municipais (Afonso, 1994:356; Affonso, 1995:66). Mais de 30% dessas transferências eram consideradas "livres", uma vez que poderiam ser aplicadas genericamente na educação primária e na saúde, áreas que poderiam ser mais especificamente definidas pelos governos estaduais e municipais (Affonso, 1995:318).

O potencial para malversação de recursos era grande, já que, durante a transição, muitos governadores e prefeitos haviam-se mostrado adeptos de manobras de recursos fiscais para suas bases clientelistas (Hagopian, 1996; Samuels & Abrúcio, s.d.). Alguns poderes dos governadores também foram contestados por agências do Estado central. O controle sobre os bancos estaduais — incluindo alguns bancos de desenvolvimento — colocaria os governadores contra as autoridades monetárias nacionais — o Banco Central e o Conselho Monetário Nacional (CMN).[11] A reforma fiscal dos militares em 1966/67 autorizara os governadores a usarem os bancos estaduais para financiar seus crescentes déficits subnacionais. Durante a década de 1980, essas práticas ameaçaram a liquidez dos bancos e desafiaram a capacidade do Banco Central e do CMN para regular o sistema financeiro (Sola, Garman & Marques, 1998:117-21; Sola, 1995; Loyola, 1993). À medida que piorava a condição financeira dos governos estaduais, o Banco Central foi forçado a resgatar os estados, a cada ano, em conseqüência das pressões políticas dos governadores e seus secretários de Fazenda sobre os políticos do nível nacional (Silva &

[11] Vinte e quatro dos 27 estados possuem bancos comerciais e/ou de desenvolvimento.

Costa, 1995:270-72; Werlang & Fraga Neto, 1995; Novaes & Werlang, 1995). Junto com a senhoriagem — a prática inflacionária de imprimir moeda para financiar os gastos públicos —, o uso do sistema bancário subnacional pelos estados gerou volumes maciços de débito. Por volta de 1998, o débito total dos bancos estaduais ultrapassava US$96 bilhões, e o total da dívida dos estados "foi responsável por um aumento de oito a 10 pontos percentuais na dívida interna bruta entre 1994 e 1997" (Dillinger & Webb, 1998:3).

Mais importante, no período pós-Constituinte, as elites estaduais viram-se diante de perversos incentivos para usarem seus recém-adquiridos recursos para competir entre si na atração de investimentos multinacionais.[12] A Constituição de 1988 autorizou os estados a oferecerem incentivos sobre o ICMS, e muitos o fizeram, procurando assim atrair empresas automobilísticas durante a década de 1990, numa competição que a imprensa brasileira batizou de "guerra fiscal".[13]

Na falta de uma estrutura nacional viável capaz de governar os gastos subnacionais, a expansão dos débitos estaduais e municipais e a política industrial, a reestruturação do federalismo brasileiro produziu um padrão nitidamente variado. Examinamos a seguir essa colcha de retalhos, focalizando sucessivamente a reforma fiscal e a política industrial.

Reforma fiscal e conflitos distributivos intergovernamentais

A posse de Fernando Henrique Cardoso, em janeiro de 1995, marcou uma mudança de rumo no relacionamento entre os estados e o governo central. Mesmo antes de envergar a faixa presidencial, Fernando Henrique tinha o benefício de vários mecanismos essenciais em sua campanha para implantação da reforma fiscal. O primeiro fora a aprovação do Fundo Social

[12] Os incentivos fiscais subnacionais eram permitidos pela Lei Complementar nº 24 de 1975, dos militares. Segundo esta lei, todos os esquemas de incentivos fiscais tinham de ser aprovados por voto unânime dos secretários de Fazenda, que representam seus estados no Conselho de Política Fazendária (Confaz). Essas restrições foram reforçadas numa nova lei (LC nº 87 de 1996) instituída na administração de Fernando Henrique Cardoso. Apesar dessas restrições federais, os estados têm ignorado a lei e continuam a conceder incentivos de forma competitiva.

[13] Esse processo foi acelerado por um novo regime de incentivo fiscal para o setor automobilístico lançado pelo governo de Fernando Henrique Cardoso em 1996. Para uma análise da lógica da concorrência cruzada entre os estados na atração de investimentos e seus efeitos sobre as contas públicas e a reforma macroeconômica brasileira, ver Hillbrecht, 1997:60-1; Varsano, 1997; Cavalcanti & Prado, 1998; e Arbix & Rodrígues-Pose, 1999.

de Emergência (depois chamado de Fundo de Estabilização Fiscal — FEF), um dos poucos sucessos obtidos na reforma constitucional de 1993/94. Enfraquecido por um prolongado inquérito sobre corrupção nas comissões de orçamento, o Congresso não estava em posição de se opor à aprovação do FEF, parte de um esforço coordenado do governo de Itamar Franco para reduzir o déficit público (Melo, 1997:68-9). O FEF deu ao presidente autoridade para controlar 20% das transferências fiscais que a Constituição destinara especificamente a estados e municípios.[14]

Um segundo mecanismo que fortaleceu a alavancagem do presidente sobre os estados foi o amplo uso que Fernando Henrique Cardoso fez das medidas provisórias para contornar restrições constitucionais e congressuais. Embora o Congresso tenha autoridade para rever as MPs após 30 dias, o presidente invocou o "direito" de reeditá-las regularmente. Isso deu a Fernando Henrique um amplo poder legislativo unilateral, maior que o que havia sido imaginado na Constituição de 1988 (Figueiredo & Limongi, 1997).

Novas leis, como a Lei Camata (aprovada em 1995) e a Lei Kandir (aprovada em 1996), ampliaram os poderes do Executivo sobre os gastos subnacionais. A Lei Camata exigiu que os estados limitassem seus gastos com pessoal a 60% das receitas líquidas, sob pena de perderem transferência federal de fundos.[15] A Lei Kandir isentou de ICMS as exportações, reduzindo efetivamente as receitas estaduais. O governo federal condicionou a compensação aos governos subnacionais à manutenção em dia de seus cronogramas de pagamento dos débitos renegociados com Brasília e à continuidade de seus ajustes fiscais.

Mais importante, o sucesso do Plano Real liberou Fernando Henrique da "agenda de emergência" da estabilização macroeconômica e elevou os custos dos estados que deixaram de implantar reformas fiscais. Aumentando

---

[14] Imaginado inicialmente como um acerto temporário, o FEF foi renovado. Em maio de 1999, porém, o governo decidiu extinguir o fundo em dezembro desse mesmo ano.

[15] Essa é a medida que apresenta o melhor potencial para redução dos gastos deficitários subnacionais, já que o funcionalismo representa 70% de todos os gastos estaduais. O avanço da reforma administrativa, contudo, tem sido lento. Em março de 1998, o Congresso aprovou uma emenda que revoga uma proibição de limitação de salários e demissão de funcionários públicos subnacionais. Em meados de 1998, porém, uma nova legislação que era necessária à implantação da Lei Camata foi diluída. Em janeiro de 1999, a Câmara dos Deputados aprovou legislação para fortalecer a Lei Camata. Hoje, esta é parte da Lei de Responsabilidade Fiscal ante o Congresso. A implantação integral de suas condições é parte, também, da Carta de Intenção que o Brasil assinou com o Fundo Monetário Internacional em novembro de 1998.

as taxas de juros de suas dívidas e eliminando a inflação como mecanismo de redução dos salários do funcionalismo público, o Plano Real pressionou os estados (Sola, Garman & Marques, 1998:123). À medida que as folhas cresciam, ultrapassando 70% da receita líquida, os estados e seus bancos começaram a capengar financeiramente. Fernando Henrique aproveitou-se da alavancagem assim obtida pelo governo federal para pressionar os governadores pela privatização de seus bancos e companhias de serviços públicos, e pela implantação de reformas administrativas (Selcher, 1998). Embora apenas nove dos 34 estados tenham privatizado ou marcado um prazo para a privatização de seus bancos, a relação inclui instituições financeiras dos quatro estados com maior débito: São Paulo, Rio de Janeiro, Minas Gerais e Rio Grande do Sul. Juntos, eles representam 90% de toda a dívida subnacional.[16] Além dos bancos, numerosas companhias de serviços públicos e transportes já foram vendidas, gerando mais de US$23,5 bilhões (tabela 1). Os bancos estaduais que continuam públicos estão agora sujeitos a controles judiciais e regulamentares mais estritos impostos pelo CMN e o Banco Central.[17] As privatizações e as restrições centralizadas elevaram os custos para os governadores interessados em usar essas organizações como veículos de clientelismo subnacional.[18]

---

[16] O acordo com o governador paulista Mário Covas para privatizar o maior banco estadual em débito, o Banespa, é uma forte evidência da melhoria da alavancagem de Fernando Henrique. Ainda em 1998, Covas afirmara que a privatização do Banespa jamais ocorreria. Ver *Agência Estado*, 1998.

[17] Entre eles, os mais importantes são os limites impostos pelo CMN à concessão de novos empréstimos ao setor público e à venda de títulos dos estados, e a proibição de contratação de novos débitos externos. O Banco Central, por sua vez, interveio nos bancos estaduais, impondo exigências de capital, reestruturando as administrações, melhorando a contabilidade e escolhendo alguns para privatização. Ver Sola, Garman & Marques, 1998:126-28. Os maiores devedores — Banespa (São Paulo) e Banerj (Rio de Janeiro) — foram preparados para privatização.

[18] Para uma análise das privatizações de bancos estaduais como meio de criar restrições orçamentárias às políticas imediatistas, ver Hillbrecht, 1997:61-2.

Tabela 1
Privatização subnacional, 1996-99

Empresa	Setor	Estado	Data da venda	Valor da avaliação (%)	Preço (US$ milhões)
Copel*	Energia	Paraná	26-2-1998	Não-disponível	113
Conerj	Transportes	Rio de Janeiro	20-2-1998	0,0	29
Coelba*	Energia	Bahia	3-5-1997	Não-disponível	Não-disponível
Copel*	Energia	Paraná	25-3-1997	8,1	300
Coelce	Energia	Ceará	2-4-1998	27,2	868
CEB*	Energia	Distrito Federal	30-4-1997	8,3	74
Eletropaulo	Energia	São Paulo	15-4-1998	0,0	1.777
Comgás	Gás	São Paulo	14-4-1999	119,3	982
Coelce*	Energia	Ceará	9-5-1997	33,3	92
Coelba*	Energia	Bahia	7-5-1997	8,1	154
Cemig*	Energia	Minas Gerais	28-5-1997	0,0	1.053
Sanepar*	Serviços públicos	Paraná	9-6-1998	0,0	217
CRT	Telecomun.	Rio Grande do Sul	19-6-1998	26,9	1.018
Banerj	Financeiro	Rio de Janeiro	26-6-1997	35,0	289
Elektro	Energia	São Paulo	16-7-1998	98,9	1.273
Celpa	Energia	Pará	9-7-1998	0,0	388
Flumitrens	Transportes	Rio de Janeiro	15-7-1998	671,4	241
CEG	Gás	Rio de Janeiro	14-7-1997	85,6	430
Coelba	Energia	Bahia	31-7-1997	77,4	1.598
Sabesp*	Serviços públicos	São Paulo	31-7-1997	0,3	375
Riogás	Gás	Rio de Janeiro	14-7-1997	49,1	146
Credireal	Financeiro	Minas Gerais	7-8-1997	0,0	112

continua

Empresa	Setor	Estado	Data da venda	Valor da avaliação (%)	Preço (US$ milhões)
Copel*	Energia	Paraná	20-9-1996	Não-disponível	Não-disponível
Besc*	Financeiro	Santa Catarina	2-9-1997	0,8	28
Bandeirantes	Energia	São Paulo	17-9-1998	0,0	860
Bemge	Financeiro	Minas Gerais	14-9-1998	85,6	494
Celg (CD)	Energia	Goiás	5-9-1997	43,5	714
Term. G. M. Côrtes	Transportes	Rio de Janeiro	28-10-1998	0,0	67
CEEE (D. N-NE)	Energia	Rio Grande do Sul	21-10-1997	82,6	1.486
CEEE (D. Co)	Energia	Rio Grande do Sul	21-10-1997	93,6	1.370
Bandepe	Financeiro	Pernambuco	17-11-1998	0,0	154
CPFL	Energia	São Paulo	5-11-1997	70,1	2.731
Cemat	Energia	Mato Grosso	27-11-1997	21,1	353
Enersul	Energia	Mato Grosso do Sul	19-11-1997	83,0	565
Cerj	Energia	Rio de Janeiro	11-2-1996	30,3	587
Telma*	Telecomun.	Maranhão	11-9-1996	5,0	23
Coelba*	Energia	Bahia	11-11-1996	Não-disponível	Não-disponível
Cia. União Seg.	Seguros	Rio Grande do Sul	20-11-1997	47,1	45
Ferroeste	Transportes	Paraná	10-12-1996	0,0	25
Eletropaulo*	Energia	São Paulo	15-12-1997	0,0	427
CRT*	Telecom.	Rio Grande do Sul	17-12-1996	54,8	654
Metrô	Transportes	Rio de Janeiro	19-12-1997	921,2	262
Cosern	Serviços públicos	Rio Grande do Norte	12-12-1997	73,6	606
Energipe	Energia	Sergipe	3-12-1997	96,1	520
Total					23.500

Fonte: *Indicadores Diesp*, 1999:46.

*Parcialmente privatizada nesta data com a venda das ações designadas.

Conseguir esses compromissos foi oneroso para o governo federal, que teve de assumir a maior parte do débito subnacional. Mas Fernando Henrique também usou os termos dos acordos para incentivar as reformas subnacionais. Sob o Programa de Apoio à Reestruturação e ao Ajuste Fiscal dos Estados, o governo federal concedeu empréstimos para acelerar a privatização das empresas estaduais e reduzir o funcionalismo público subnacional.[19] Além disso, através do reescalonamento da dívida em termos favoráveis, incluindo taxas de juros baixas e longos prazos de pagamento — de até 30 anos em alguns casos —, Fernando Henrique conseguiu induzir os governos estaduais a apoiarem a reforma. Em meados de 1999, o governo central havia refinanciado a dívida de 24 dos 17 governos estaduais e socorrido os estados envolvidos num escândalo de títulos públicos no montante de US$22 bilhões (o caso dos precatórios).[20] Até governadores da oposição, como Anthony Garotinho (PDT), do Rio de Janeiro, atenderam às exigências. No caso do Rio de janeiro, o governador cedeu ao governo federal *royalties* da exploração de petróleo (10% da receita anual do setor) durante 30 anos para reduzir à metade a dívida do estado com Brasília.[21] Em todos os casos de reescalonamento de dívida, o governo federal recebeu ações de empresas dos governos estaduais equivalentes a 20% do débito total, dando assim a Brasília um mecanismo para avançar as privatizações. Os estados que concordaram em

[19] O Programa de Apoio à Reestruturação e ao Ajuste Fiscal dos Estados foi aprovado pelas Resoluções nº 162/95 e nº 175/95 do CMN, em 1995. Sob esse programa, a Caixa Econômica Federal e o BNDES concederam financiamento aos estados para facilitar os esforços de reforma.

[20] Em 1993 e 1994, sob a Lei nº 8.727/93, os bancos públicos federais, e especialmente a Caixa Econômica Federal, renegociaram a maior parte da dívida subnacional com eles. As iniciativas federais de reescalonamento e redução das dívidas dos estados ampliaram-se no primeiro mandato de Fernando Henrique, iniciado em 1995. Tais iniciativas envolveram trocas de títulos estaduais por títulos do Tesouro e do Banco Central. Devido à alta taxa de juros dos títulos federais (22-25% em 1995, por exemplo), o saldo da dívida em títulos cresceu. O Estado contratou empréstimos federais sob o Programa de Apoio à Reestruturação e ao Ajuste Fiscal dos Estados para pagar a folha e as obrigações com empreiteiras. Por volta de janeiro de 1998, 66,14% da dívida subnacional estavam em poder do Tesouro Nacional e do Banco Central. Agências federais também se apossaram de ações de empresas estaduais. Dos três estados que não assinaram acordos, apenas o Distrito Federal solicitou reescalonamento. Os outros dois — Tocantins e Amapá — não pediram a federalização de suas dívidas.

[21] O governo de Fernando Henrique concordou em assumir R$13 bilhões dos R$24,4 bilhões devidos pelo Rio de Janeiro. Graças à oferta dos *royalties* de petróleo (no valor de US$156 milhões por ano), o Rio de Janeiro obteve condições de reescalonamento de sua dívida mais favoráveis que as dos outros 23 estados que concordaram em repassar seus compromissos para Brasília. Ver *Jornal do Brasil*, 1999b.

reescalonar suas dívidas foram proibidos de emitir novos títulos de débito (embora os acordos não tenham interrompido a capitalização de juros nos títulos que continuam em vigor). Conquanto essas iniciativas não tenham criado as "restrições orçamentárias fortes" que os analistas consideram cruciais para garantir uma boa gerência fiscal no nível macro entre os governos subnacionais, elas marcam uma importante virada em relação aos gastos sem limites da década de 1980.[22] Devido ao esforço de ajustamento, o crescimento da dívida subnacional foi desacelerado no final da década de 1990. O déficit nominal dos estados e municípios caiu de um pico de 10,3% do PIB em dezembro de 1994 para 2,3% do PIB em fevereiro de 1999.[23]

Talvez o ponto mais marcante na virada do conflito intergovernamental entre as autoridades subnacionais e centrais tenha sido a série de eventos que se seguiu à desvalorização da crise de janeiro de 1999. Em meio a uma prolongada crise de fuga de capitais provocada pela *débâcle* financeira russa em agosto de 1998, Itamar Franco, o novo governador de Minas Gerais, declarou uma moratória de 90 dias no pagamento da dívida do estado para com o governo federal. Desafiando a Lei Kandir e o FEF, a "revolta fiscal" de Itamar provocou um pânico financeiro que forçou o Banco Central a deixar flutuar o real. A resposta de Fernando Henrique foi rápida. Congelou as transferências federais para Minas Gerais e Rio Grande do Sul (outro estado que flertava com a revolta fiscal), utilizou dinheiro de depósitos em garantia dos estados para pagar as contas em atraso e convenceu os investidores estrangeiros a manterem-se afastados desses estados recalcitrantes. Individualizando seus custos e usando Minas, especialmente, como exemplo para o restante da Federação, Fernando Henrique conseguiu quebrar uma tentativa de coordenação entre os estados promovida pelos seis governadores da oposição.[24]

As tentativas de articular todos os governadores, primeiro numa reunião na Granja do Torto (Brasília) em fevereiro de 1999 e depois em Aracaju em julho de 1999, evidenciaram os extensos problemas de ação coletiva enfrentados pelos estados. Embora tivessem queixas comuns a respeito do FEF e da

[22] Ver Hillbrecht, 1997 e Ter-Minassian, 1997.

[23] Esses números não incluem faturas em atraso de empreiteiros e fornecedores (Afonso, 1996:40).

[24] Os seis governadores da oposição ensaiaram várias declarações conjuntas em janeiro e fevereiro, quando produziram "cartas" públicas denunciando a posição do presidente e declarando-se como frente unida. Apesar dessas demonstrações, os governadores da oposição não foram capazes de sustentar qualquer tipo de ação coordenada, preferindo negociar individualmente com o presidente o reescalonamento de seus débitos.

Lei Kandir, os estados discordavam quanto à melhor maneira de lidar com Brasília.[25] Desacordos em questões correlatas, como a competição de incentivos fiscais para atrair investimentos, também foram empecilhos à formação de uma frente subnacional unida.[26]

Mesmo tendo a seu favor um extenso aparato legislativo e uma oposição dividida, Fernando Henrique ainda enfrenta severas restrições constitucionais em seus esforços para limitar os gastos subnacionais. Como seria de prever pela abordagem dos "atores com poder de veto", os governos estaduais, protegidos pela Constituição de 1988, mantêm a possibilidade de defender seus poderes e recursos com legislação no Senado (Afonso, 1999). As reformas dos sistemas fiscal, da previdência e do funcionalismo público requerem ajustes constitucionais que são difíceis de conseguir por exigirem duas votações com maioria de três quintos nas duas casas do Congresso. Mais ainda, o Senado continua comprometido com a bancada subnacional na defesa dos direitos constitucionais dos estados, particularmente o direito de rolarem suas dívidas. Todos os senadores estão, por uma "norma de universalidade", obrigados a conceder esse direito a todos os estados, já que qualquer senador que decida apoiar a reforma tornará seu estado vulnerável à oposição do coletivo (Mainwaring & Samuels, 1999:38).

Os conflitos distributivos que terminaram com a onda de gastos desenfreados dos estados durante a década de 1980 e que tornaram a centralizar alguma autoridade e alguns recursos fiscais ressaltam o aspecto dualista do papel dos estados como "atores com poder de veto" no Brasil. Embora os estados tenham sido fortes atores *institucionais* com poder de veto, não têm sido fortes atores *partidários* com poder de veto. Eles têm forte interesse coletivo na preservação dos direitos constitucionais dentro das instituições do Senado, mas faltam-lhes os meios para coordenar suas ações na arena mais ampla da política partidária e das relações intergovernamentais. A fraqueza

---

[25] Na reunião de Aracaju, por exemplo, os governadores do PSDB criticaram o FEF e a Lei Kandir, mas apoiaram a agenda de reforma fiscal de Fernando Henrique. Os governadores do PT, Olívio Dutra (RS), e José Orcírio dos Santos (MS), continuaram a opor-se à agenda do presidente, mas concordaram em que o melhor que se podia fazer era continuar as negociações com Brasília. Itamar Franco (MG) defendia uma posição mais beligerante e não compareceu à reunião. Ver *Jornal do Brasil*, 1999c e 1999d.

[26] O governador Garotinho realçou esse fato quando, durante a reunião de Aracaju, referindo-se ao recente acordo para uso de fundos federais para a instalação, na Bahia, de uma fábrica da Ford antes prometida ao Rio Grande do Sul, declarou: "Pode-se dizer que Fernando Henrique é um homem de sorte. Antes da questão da Ford, poderíamos todos ter estado contra seu governo. Agora, o caso da Ford deteriorou as relações entre os governadores" (*Jornal do Brasil*, 1999a).

dos partidos e a intensidade da "guerra fiscal" permitiram que o presidente usasse seus poderes legislativos para dividir os estados e negociar acordos individuais. Os eventos que se seguiram à crise de janeiro de 1999 são forte evidência do padrão que surge: a colcha de retalhos da política econômica subnacional está-se tornando mais uniforme nas áreas de política fiscal onde o presidente pôde pressionar os estados (privatização, dívida subnacional e bancos estaduais, por exemplo), mas restrições constitucionais arraigadas mantêm as prerrogativas de gasto dos estados em outras áreas (reforma do funcionalismo público, previdência e autoridades fiscais, por exemplo). Sem avanços nesta última área, os ajustes *ad hoc* produzidos pelos recentes esforços de reforma subnacional não serão sustentáveis.[27]

A continuação do padrão colcha de retalhos na política industrial

A fraqueza dos estados como atores partidários com poder de veto ajudou os esforços do governo Fernando Henrique em prol de uma reforma fiscal de fato, mas prejudicou a capacidade de os governos estaduais difundirem experiências de "bom governo" por todo o país. A evidência disponível sugere que apenas o mais coerente e programático dos partidos brasileiros, o Partido dos Trabalhadores (PT), teve algum sucesso na transformação de histórias de sucesso local em agendas nacionais (Nylen, 1997). Sem mecanismos mais sistêmicos de difusão de política, os estados tomaram suas próprias iniciativas sem o benefício de uma estrutura nacional capaz de aplicar experiências bem-sucedidas em outras partes da Federação.

Indicadores do grau e da variedade do envolvimento subnacional em política industrial são raros. Como resultado da falta de supervisão centralizada dessas políticas, tudo que temos são estudos de caso e informações de agências de política industrial cobrindo os estados (tabela 2). Em alguns desses casos, as agências responsáveis pela elaboração e implantação da política industrial estiveram ativas durante a fase desenvolvimentista. Assim, a tarefa que os estados brasileiros enfrentaram era uma tarefa formidável: tinham de elaborar políticas industriais que pudessem responder à erosão do modelo desenvolvimentista nacional, mas não só faltava-lhes experiência para tanto, como

[27] Dillinger e Webb (1998:31) argumentam que o governo federal não pôde impor soluções "ao estilo Brady", que exigem cortes de gastos e aumento das receitas como condições para alívio da dívida, tornando assim desnecessário o serviço adicional da dívida no futuro. Considerando o tamanho dos compromissos subnacionais com pensões e despesas de pessoal, essas áreas protegidas constitucionalmente são alvos cruciais para a reforma.

também não puderam contar com muita ajuda do governo central. Diante desses constrangimentos, a capacidade dos governos subnacionais para elaborar e manter suas próprias políticas industriais só poderia ser altamente variável.

Tabela 2
Agências subnacionais de desenvolvimento e mecanismos políticos no Brasil

Estado	Agência(s) de desenvolvimento	Incentivos fiscais	Programas de financiamento	Infra-estrutura	Apoio técnico
Acre	Codisacre	Sim	Sim	Sim	Sim
Alagoas	Codeal	Sim	Sim	Sim	Sim
Amapá	Codap	Sim	Sim	Não	Sim
Amazonas	Suframa	Sim	Sim	Não	Sim
Bahia	Desenbanco[1]	Sim	Sim	Não	Sim
Ceará	Governo[2]	Sim	Sim	Sim	Não
Distrito Federal	Governo	Sim	Sim	Sim	Não
Espírito Santo	Bandes[1]	Sim	Sim	Sim	Não
Goiás	Encidec/ Consiteg e cooperativas	Sim	Sim	Sim	Sim
Maranhão	CDI	Não	Sim	Não	Sim
Mato Grosso	Governo	Não	Sim	Sim	Sim
Mato Grosso do Sul	CDI	Sim	Sim	Sim	Sim
Minas Gerais	BDMG[1], CDI, Indi	Sim	Sim	Sim	Sim
Pará	CDIP	Sim	Sim	Sim	Não
Paraíba	Cinep	Sim	Sim	Sim	Não
Paraná	Codapar	Sim	Sim	Sim	Não
Pernambuco	Ad/Diper	Sim	Sim	Sim	Sim
Piauí	Governo	Sim	Não	Sim	Sim
Rio de Janeiro	Codin	Sim	Sim	Sim	Sim
Rio Grande do Norte	CDI	Não	Sim	Sim	Não
Rio Grande do Sul	Cedic	Não	Sim	Sim	Não
Rondônia	Suframa/Sudam	Não	Sim	Sim	Sim
Roraima	Codesraima	Sim	Sim	Sim	Sim
Santa Catarina	Basdesc,[1] BRDE[1]	Não	Sim	Não	Não
São Paulo	Governo	Não	Sim	Sim	Sim
Sergipe	Codise	Sim	Sim	Sim	Sim
Tocantins	Codetins	Sim	Sim	Sim	Não

Fonte: Baseada em informações contidas na CNI (1995) e nas pesquisas de campo do autor.

[1] Banco estadual de desenvolvimento.

[2] Indica que as subsecretarias subnacionais (geralmente secretarias de Indústria e/ou Economia) administram diretamente a política.

As análises da "guerra fiscal" entre os estados tentaram fazer generalizações sobre as políticas industriais subnacionais focalizando os efeitos perversos nas contas públicas da competição entre os estados em termos de incentivos fiscais. Tais trabalhos, contudo, têm um entendimento limitado da organização das políticas industriais subnacionais nos estados brasileiros.[28] Como a tabela 2 evidencia, os incentivos fiscais são apenas uma parcela do repertório de políticas dos governos subnacionais no Brasil. Mais importante ainda, é amplamente reconhecido que os incentivos fiscais em si não são suficientes para atrair e sustentar novos investimentos ou produzir externalidades econômicas. A capacidade do governo subnacional de integrar mecanismos fiscais e financeiros num repertório mais amplo de bens públicos — infra-estrutura, informações, treinamento de mão-de-obra — é de longe mais importante para o desenvolvimento endógeno da economia local (Krugman, 1991).[29] Isso requer o desenvolvimento de um aparato político com mecanismos e metas desenhados para se beneficiarem dos recursos locais (capital humano, infra-estrutura, localização de mercado e fornecedores). Assim, as fontes de política industrial subnacional são endógenas aos interesses políticos dos governos estaduais e à organização da burocracia econômica subnacional (Rodrigues, 1998:154).

Uma ameaça central ao desenvolvimento e à manutenção de um aparato subnacional de política industrial é que os políticos locais manipularão os

---

[28] São pouco claros, também, quanto à dinâmica da própria "guerra fiscal". A evidência dos efeitos deletérios da guerra fiscal, por exemplo, continua altamente discutível. Em parte devido aos recentes ajustes fiscais, os estados não correram exatamente "para o fundo do poço", como temem os cenários mais pessimistas. As receitas de ICMS aumentaram durante os anos decisivos da guerra fiscal (de US$50 bilhões em 1994 para US$62 bilhões em 1996) e se mantiveram acima dos US$60 bilhões ao longo de 1999 devido apenas à redução da atividade econômica e à Lei Kandir (*Indicadores Diesp*, 1999:30). Mais ainda, uma vez que os efeitos dos novos investimentos só se farão sentir no longo prazo, o uso de aferições fiscais de curto prazo pode não ser muito adequado à avaliação do impacto dos incentivos fiscais (Willis, 1996). Estudos de caso de grandes empresas que receberam incentivos fiscais em meados da década de 1970 indicam altos retornos em receita de ICMS, bem como níveis significativos de investimentos associados nos anos 1990. Um dos exemplos analisados foi o caso da Fiat, que foi atraída para Minas Gerais em 1976, em parte por incentivos fiscais e em parte pela disponibilidade de financiamento de banco de desenvolvimento. Vinte e seis anos depois, a empresa pagou seus empréstimos e retornou os incentivos fiscais várias vezes, além de desenvolver o setor automobilístico em Minas. Ver *Exame*, 1999.

[29] Esses fatores também pesam mais que os incentivos fiscais na decisão das empresas de fazerem investimentos no mercado interno brasileiro. Ver Rodrigues, 1999:91-3; e Cavalcanti & Prado, 1998:39-40. A literatura sobre "desenvolvimento endógeno" e sistemas federais já é extensa e continua crescendo, precisando apenas ser analisada. Para aplicações úteis aos estados brasileiros, ver Amaral Filho, 1996.

recursos das agências públicas para propósitos particularistas.[30] Em vista dos altos níveis de conflito das elites, que criam incentivos políticos à manipulação das agências públicas no curto prazo, o particularismo pode minar a cooperação entre agências públicas e empresas privadas (Rueschemeyer & Evans, 1985).

A solução desse problema requer o estabelecimento de duas lógicas institucionais. A primeira é a *lógica da delegação*. Em condições de crise econômica e altos níveis de conflito nas elites, há pouca probabilidade de que os líderes políticos deleguem controle sobre recursos fiscais às agências tecnocráticas de política industrial. Eles centralizarão o comando dessas agências para reduzir os custos do uso de recursos para obtenção de apoio político. Essas são condições típicas de *governos populistas*. Diante de problemas econômicos e de um baixo nível de conflito de elites, os líderes políticos tendem mais a delegar autoridade às agências de política. A incerteza econômica será incentivo suficiente para que os políticos deleguem autoridade aos líderes burocráticos que dispõem das informações necessárias para tratar desses problemas (Miller, 1992:78-82; Aghion & Tirole, 1997). Chamo estes últimos de *governos delegantes*.

A segunda é uma lógica de *associação horizontal*. Uma vez que tenham recebido poder dos políticos para tratar das questões persistentes de desenvolvimento, as agências subnacionais tenderão a desenvolver laços formais e informais cruzados com outras agências e empresas privadas. Como a elaboração e a gerência de política industrial são tarefas novas para as agências subnacionais, os recursos técnicos não estão previamente organizados. As agências buscarão no varejo mudanças que atendam às necessidades imediatas e de médio prazo, processo que se torna ainda mais provável quando as instituições nacionais deixam de criar uma estrutura para tais políticas. Durante esse processo, o estabelecimento de laços entre agências e entre agências e empresas em reuniões formais, contatos pessoais informais e visitas às instalações industriais reduzirão os custos da coleta de informações.

---

[30] A "captura" de agências públicas não é inevitável. É apenas um risco para o estabelecimento e a manutenção da cooperação entre agências públicas e empresas privadas. A solução desse problema depende de como os políticos lidam com o que Barbara Geddes (1994) chamou de "dilema dos políticos". No curto prazo, uma estratégia politicamente ótima pode exigir que os políticos manipulem recursos do estado e nomeiem apadrinhados para a burocracia, em detrimento das eficiências coletivas de longo prazo produzidas pela cooperação entre público e privado. Garrett e Lange (1996:50) dizem simplesmente: "Os políticos não podem se dar ao luxo de perguntar o que é bom para a sociedade no longo prazo, sob pena de perderem poder neste ínterim".

Uma vez que tenham se desenvolvido e evoluído, essas associações horizontais ajudam a manter o sistema de política industrial. Em primeiro lugar, esses laços produzem fontes alternativas de apoio político, ampliando a constituinte de agentes públicos e clientes privados envolvidos em política industrial. À medida que mudam os governos, os laços horizontais garantem a continuidade do apoio político fornecendo fontes alternativas fora do Executivo subnacional. Em segundo lugar, um apoio diversificado e flexível reforça as redes de monitoração através da expansão da constituinte política. Cada laço da rede de monitoração funciona como uma "campainha de alarme" que pode soar se as metas políticas não estiverem sendo atingidas (McCubbins & Schwartz, 1984).

Nas duas seções seguintes, comparo as linhas gerais da evolução da política industrial em dois estados brasileiros: Minas Gerais e Rio de Janeiro. Durante as décadas de 1960 e 1970, Minas Gerais conseguiu manter uma política industrial devido à existência de um contexto político com baixos níveis de conflito na elite. Um longo histórico de acomodação das elites gerou um governo delegante em Minas Gerais. Isso permitiu que as agências de política industrial coordenassem suas ações sem intervenção dos políticos. As agências construíram uma rede de laços horizontais — tanto informais quanto formais — ligando agências públicas e empresas privadas. Elevando os custos do uso da política industrial para fins estritamente políticos, tais laços aumentaram a responsabilidade (*accountability*) por prestação de contas dos tecnocratas políticos. Os laços horizontais protegeram as agências durante a transição para a democracia, quando os líderes eleitos tentaram pilhar os recursos da rede para desenvolver bases clientelistas de apoio. Como conseqüência, a estrutura de política industrial em Minas mostrou-se sustentável e flexível em sua resposta às mudanças nas condições políticas e econômicas.

No Rio de Janeiro, ao contrário, as agências de desenvolvimento nasceram num contexto mais politizado. O legado de populismo no estado produziu uma série de governadores com fortes incentivos para centralizar o controle sobre a política industrial manipulando agências singulares. Na falta da necessidade de uma prestação horizontal de contas como a produzida em Minas pela rede formada pelas agências de política industrial e pelas empresas, a política industrial no Rio de Janeiro tornou-se uma extensão das políticas clientelistas do estado. Em conseqüência, sua política industrial foi uma política casuísta, incapaz de aproveitar-se das vantagens da mudança econômica e de fugir aos padrões de intervenção política.

Minas Gerais

Durante a maior parte do século XX, a liderança política de Minas Gerais evoluiu tanto como oligarquia tradicional quanto como tecnocracia política. A primeira governou o estado com poucos desafios de classes subalternas ou rivais, como trabalhadores ou empresas, e com poucos conflitos significativos dentro da comunidade das famílias governantes (Hagopian, 1996; Horta, 1986; Wirth, 1977). A política econômica permaneceu nas mãos da tecnocracia política que se expandira durante o governo de Juscelino Kubitschek, no final da década de 1940. O modelo de desenvolvimento adotado no estado foi o planejamento oficial por empresas e agências nacionais e subnacionais, começando com a criação das Centrais Elétricas de Minas Gerais (Cemig), a companhia estatal de eletricidade, em 1952. A acomodação das elites entre a oligarquia e a tecnocracia política produziu frutos para ambas durante a fase desenvolvimentista, quando Minas manteve fortes laços com o governo federal (exemplificados pela presidência de Juscelino após 1955 e pelo apoio de Minas ao golpe militar de 1964). Durante esse período, o estado passou a sediar importantes empresas públicas. Pelo final de 1976, mais de um terço das 185 maiores empresas de Minas Gerais eram empresas públicas (Diniz, 1981:202).

Não satisfeitos em ver seu estado transformado em celeiro de empresas públicas nacionais, os governadores mineiros na década de 1960 focalizaram a histórica dependência do estado em relação à economia de São Paulo. Após vários anos de estudos e debates, o governo de Magalhães Pinto (1961-65) apoiou a delegação de recursos e autoridades para uma série de novas instituições e agências de desenvolvimento nos moldes da Cemig (Mata-Machado, 1987). Tal delegação foi facilitada pela ausência de uma perspectiva alternativa defendida ou por empresários ou por trabalhadores que pudesse representar um desafio à visão da elite tradicional e da tecnocracia política. Os empresários mineiros continuaram investindo pesadamente na agricultura e nas indústrias tradicionais de mineração e siderurgia, dependentes de investimentos públicos. Isso reforçou a orientação das agências do estado. Na visão dos políticos e tecnocratas de Minas, "os empresários locais, por sua incapacidade de executar um projeto de industrialização, de fato abriram mão de seu pleito à liderança desse processo" (Hagopian, 1996:87).

Também os trabalhadores mineiros eram fracos politicamente. Faltava aos sindicatos de Minas a forte experiência dos imigrantes que impulsionara a criação de um movimento trabalhista organizado em São Paulo. As relações trabalhistas mineiras continuaram sendo as formas de opressão comuns aos sistemas oligárquicos de relações patrão-cliente.[31] As relações trabalhistas repressivas enfraqueceram os sindicatos em Minas, mesmo em setores onde os trabalhadores brasileiros haviam feito grandes avanços em São Paulo e outros lugares. Dos 80 mil metalúrgicos de Belo Horizonte e Contagem, por exemplo, apenas 16 mil estavam sindicalizados em 1990, uma taxa muito abaixo dos níveis de São Paulo (*Estado de Minas*, 1990).

Diante dos poucos desafios ao comando ou às prescrições da elite política mineira, os políticos apoiaram a delegação de autoridade e recursos a um conjunto de novas agências econômicas durante as décadas de 1960 e 1970: o Banco de Desenvolvimento de Minas Gerais (BDMG) em 1962, o Instituto de Desenvolvimento Industrial (Indi) em 1967, a Fundação João Pinheiro (FJP) e a Companhia de Distritos Industriais (CDI) em 1972. A Fundação João Pinheiro forneceu aos planejadores estaduais as estatísticas e estudos setoriais de que precisavam para consolidar os projetos de investimento. Além disso, a Fundação João Pinheiro e o Centro de Planejamento (Cedeplar) do Departamento de Economia da Universidade de Minas Gerais desempenharam papel relevante na formação de tecnocratas para o aparato de planejamento do governo estadual (Andrade, 1980).

Com o tempo, as exigências logísticas determinaram que as agências, que até então mantinham uma especialização em certa área de política, trabalhassem juntas em projetos comuns. O BDMG dava o financiamento, o CDI fornecia a infra-estrutura de apoio, o Indi coordenava os estudos de mercado e supervisionava o planejamento (Diniz, 1981). O sistema operava tanto através de laços convencionais formais entre as agências (propriedade conjunta no caso dos interesses da Cemig e do BDMG no Indi), quanto de relações informais envolvendo a circulação de tecnocratas entre as agências e a troca de informações entre eles em projeto conexos (Brito, 1984). Essas associações horizontais entre as agências iria servi-las bem durante os anos 1980, quando o sistema seria ameaçado pela crise do desenvolvimentismo e a quebra do domínio tradicional do poder.

---

[31] Estudo sobre empresas de peças automobilísticas de pequeno e médio portes concluiu que as relações patrão-cliente são reconstituídas dentro das empresas, compelindo os trabalhadores a evitar quaisquer ações que possam estar em conflito com os interesses gerais de seus "patrões". O estudo foi realizado por Allan Claudius Barbosa e os resultados foram divulgados no *Estado de Minas* (1990).

As atividades das agências durante a década de 1970 — seja oferecendo incentivos fiscais e financiamento, seja fornecendo a infra-estrutura e informações — pavimentaram o caminho para uma série de investimentos diversificados de empresas multinacionais (principalmente a Fiat),[32] mas o sistema foi prejudicado pelas crises fiscal e econômica que atingiram o Brasil nos anos 1980. O declínio da produção do setor público forçou muitos dos produtores de bens de capital que se haviam estabelecido em Minas na década de 1970 a reduzirem suas atividades ou simplesmente fecharem. A parcela do produto industrial de Minas Gerais composta de bens de capital e bens duráveis de consumo caiu de quase 20% em 1980 para 17,7% em 1986 (BDMG, 1989b:20).

Em 1984, com a atenção do governo concentrada na candidatura presidencial do governador Tancredo Neves, as agências mineiras passaram a um plano secundário (Dulci, 1988). A ascensão, em 1986, do governador populista Newton Cardoso criou outras ameaças políticas diretas às agências de desenvolvimento. Enquanto os últimos governadores de Minas Gerais estiveram ligados à crescente tecnocracia política do estado, a natureza da base eleitoral de Newton Cardoso fez dele representante da oligarquia tradicional da região pobre do norte de Minas. Sendo, de certo modo, um elemento de fora e enfrentando crescente oposição de rivais em seu próprio partido (o Partido do Movimento Democrático Brasileiro — PMDB), Newton Cardoso adotou políticas econômicas populistas para fortalecer sua própria posição política. Isso o colocou contra os tecnocratas das agências de desenvolvimento, que resistiam a suas tentativas de substituir os diretores das agências por indivíduos que o apoiavam politicamente (Brito, 1988:283).

Diante dessas ameaças, os laços horizontais que haviam sustentado as atividades das agências durante a fase desenvolvimentista tornaram-se essenciais para mobilizar constituintes em sua defesa durante o governo de Newton Cardoso. Esses laços aumentaram os custos de ataques frontais a qualquer das agências num momento determinado. Os tecnocratas da Cemig e do BDMG no Indi foram defendidos por suas agências de origem. Os ataques à Cemig eram complicados por seu duplo papel como companhia de energia e parceira da rede de desenvolvimento ligada ao Indi e seu associado, o CDI. As agências eram também protegidas por redes de clientes privados e associações

[32] Isso é tema de uma vasta literatura que não pode ser aqui analisada. Ver Diniz, 1981; BDMG, 1989a; e Duarte Filho, 1986.

formais e informais com empresas públicas nacionais que ainda detinham considerável poder no Legislativo estadual e na equipe do governador.[33]

As linhas de comunicação abertas entre as agências também se mostraram úteis na reestruturação das agências e na criação de novas políticas industriais para o estado, mais voltadas para o mercado. Em 1989, um dos poucos tecnocratas políticos apoiados por Newton Cardoso, Carlos Alberto Teixeira, presidente do BDMG, encomendou um diagnóstico da economia mineira que veio a ser a base de uma nova política de desenvolvimento (BDMG, 1989a). Muitos dos tecnocratas das agências que trabalharam nesse projeto ascenderam a cargos importantes na Secretaria de Planejamento (Seplan) e subseqüentemente reestruturaram a burocracia econômica do estado durante o governo de Hélio Garcia, iniciado em 1991.[34]

Orientados pela filosofia de favorecimento dos setores que historicamente produziram externalidades em toda a região e a qual prevalecera no diagnóstico de 1989, as agências usaram os mesmos mecanismos da fase desenvolvimentista para aumentar a competitividade das empresas nos mercados doméstico e internacional.[35] Os resultados mais notáveis surgiram no setor automobilístico. As agências mineiras usaram com sucesso incentivos fiscais, investimentos em infra-estrutura e estudos de mercado elaborados pelo Indi para aprimorar os planos da Fiat visando à reorganização de seus fornecedores num sistema *just-in-time*. Mediante a concessão de financia-

---

[33] Um bom exemplo é a maneira como os líderes, particularmente José Alencar, então presidente da Fiemg, convenceram Newton Cardoso, em audiências a portas fechadas em 1988, a remover o presidente do BDMG Joaquim Mariano, que se havia demonstrado incompetente (entrevista confidencial com altos funcionários do BDMG em junho de 1996, em Belo Horizonte, Minas Gerais).

[34] Os recursos financeiros da secretaria foram aumentados com a criação do Fundo de Industrialização (Find), fundo estadual destinado a financiar incentivos fiscais para investimentos industriais. Para administrar esse fundo foi criada a Superintendência de Industrialização (Suind), subagência da Secretaria da Indústria. Na prática, contudo, as principais decisões da Suind eram tomadas por um "grupo executivo" de tecnocratas políticos de distintas secretarias mineiras e algumas organizações empresariais privadas reunidos num Conselho de Industrialização (Coind).

[35] Segundo autoridades estaduais que estiveram envolvidas, as agências de desenvolvimento do estado concordaram em criar "setores prioritários" e "iniciativas estruturais" que incluíram a expansão do setor de autopeças, a atração de uma segunda grande montadora de automóveis e investimentos em infra-estrutura na região sul do estado (entrevista do autor com Cláudio de Paiva Ferreira, diretor-superintendente da Secretaria de Indústria e Comércio de Minas Gerais, em 26 de junho de 1996, em Belo Horizonte, Minas Gerais). A estrutura completa e os efeitos dessas políticas não podem ser aqui avaliados. Para uma análise mais completa do caso, ver Montero, 1999a.

mentos e o fornecimento de informações e infra-estrutura, as agências aceleraram a relocalização dos fornecedores nas proximidades da fábrica da Fiat em Betim e apoiaram melhorias de produtividade para manter os padrões de controle de qualidade daquela empresa. As agências souberam ainda opor-se sutilmente aos interesses da Fiat promovendo o crescimento de um setor de autopeças na região sul de Minas, junto à fronteira de São Paulo. Concentrando recursos financeiros e infra-estrutura nessa região, as agências conseguiram facilitar a expansão da produção de autopeças para concorrentes da Fiat em São Paulo. A estratégia serviu ainda para atrair a Mercedes, em 1995, para Juiz de Fora, na vizinha região da Zona da Mata. De modo geral, a abordagem das agências foi essencial para a distribuição dos benefícios da atividade industrial, fazendo com que apenas 14% dos novos investimentos no período 1996-98 e 38% do PIB estadual se concentrassem na área metropolitana de Belo Horizonte (Rodrigues, 1999:87; Indi, 1997).

Rio de Janeiro

O fracasso da política industrial no estado do Rio de Janeiro[36] pouco teve a ver com as demandas por essas iniciativas. Como Minas Gerais, o Rio desenvolveu-se no século XX como satélite econômico de São Paulo. Os líderes empresariais e alguns membros da elite política manifestaram algumas vezes preocupação quanto a essa dependência e pediram que os governos estaduais tomassem as rédeas do desenvolvimento do estado. À medida que as crises das décadas de 1970 e 80 provocavam a desindustrialização do estado, esses pleitos passaram a ser mais declarados, mas foram abafados pelos programas populistas de governadores como Antônio de Pádua Chagas Freitas, Leonel Brizola e Wellington Moreira Franco. Todos tinham fortes incentivos para usar a política econômica para enfraquecer seus inimigos políticos e fortalecer sua própria base clientelista.[37]

---

[36] O Rio de Janeiro fora capital do Brasil entre 1763 e 1960. Em 1960, a capital foi transferida para Brasília, cidade planejada, localizada no planalto central, e o antigo Distrito Federal foi transformado em estado da Guanabara, separado do estado do Rio de Janeiro, que o cercava. Em 1975, houve a fusão da Guanabara com o antigo estado do Rio de Janeiro, passando a cidade do Rio de Janeiro a ser a capital do novo estado do Rio de Janeiro, em substituição à antiga capital, Niterói, do outro lado da baía de Guanabara. Para os fins de minha análise, enfocarei o atual estado do Rio de Janeiro e usarei o adjetivo fluminense para referir-me a todo o estado.

[37] Não podendo estender-me aqui na análise desses e outros governos populistas do Rio de Janeiro, remeto o leitor a Montero (1999b: cap. 5).

Devido às arraigadas tradições de populismo, personalismo e clientelismo nas políticas estaduais e a um alto nível de conflito da elite, a política de desenvolvimento do estado do Rio foi ou negligenciada ou manipulada para fins políticos. Tal manipulação só foi possível mediante a concentração de controle das agências de desenvolvimento pelos políticos. Os chaguistas, na década de 1970, e os brizolistas, na de 1980 e início da de 90, tentaram controlar seus clientes e enfraquecer seus rivais centralizando a administração da política econômica e social. (Diniz, 1982:114-15; Gondim, 1986; Gay, 1988:98). Na área de política industrial, o exemplo mais importante é a experiência da Companhia de Desenvolvimento Industrial do Rio de Janeiro (Codin).[38]

A Codin foi criada em 1969 para promover o crescimento industrial no estado do Rio de Janeiro.[39] Ao longo da década de 1970, a organização limitou-se a criar e vender distritos industriais em volta dos municípios pobres do interior do estado. Suas preocupações oficiais eram promover a desconcentração industrial da área metropolitana da cidade do Rio de Janeiro e desenvolver as regiões do interior. Para tanto, a Codin recebeu pessoal profissional, mas na realidade foi administrada por nomeados políticos que manipularam os recursos da agência para seus próprios fins, permitindo que a capacidade profissional da equipe de tecnocratas fosse erodida.

Durante seus primeiros anos de operação, a Codin não vendeu nenhuma de suas propriedades. No final da década de 1970 e início da de 80, as poucas firmas que de fato haviam comprado terrenos a preços subsidiados nos distritos industriais não chegaram a implantar-se neles. Na prática, o governo do estado liderado pelos chaguistas usara a Codin para vender grandes lotes de terra a preços artificialmente baixos aos que os apoiavam politicamente.[40] Chagas Freitas exigiu controle centralizado e direto sobre as agências de desenvolvimento do estado.[41] Os nomeados políticos fiéis a Chagas Freitas

---

[38] A Codin chamava-se inicialmente Companhia de Distritos Industriais. Em 1982 o nome foi alterado para Companhia de Desenvolvimento Industrial, mantendo-se a mesma sigla.

[39] Antes de 1975, o estado da Guanabara mantivera a Companhia Progresso do Estado da Guanabara (Copeg) como sua principal agência para promoção industrial. Após 1975, a Codin passou a ser a única agência com responsabilidade pela administração e promoção de investimentos nos distritos. Ver Codin, 1987:9.

[40] Segundo entrevistas do autor com autoridades da Codin em maio de 1996, no Rio de Janeiro.

[41] Isso fica patente no único plano de desenvolvimento do governo Chagas Freitas. Ver Estado do Rio de Janeiro, 1979:3-5.

usaram a agência como parte de suas campanhas para cultivar bases clientelistas de apoio a seu chefe político.

Apesar de repetidos esforços da equipe da própria agência e de alguns políticos estaduais para transformar a Codin numa verdadeira agência de desenvolvimento industrial nos moldes do Indi, a companhia de desenvolvimento industrial continuou sendo uma companhia de distritos industriais durante toda a década de 1980.[42] No governo Brizola, a falta de uma política industrial no nível estadual fez com que a agência continuasse em sua antiga e inútil trilha (Codin, 1987:16). O primeiro governo Brizola formulou uma "política industrial" que pretendia levar para o mercado formal as pequenas e médias empresas que operavam no mercado informal (Estado do Rio de Janeiro, 1983:109). Mas os incentivos fiscais e os programas de financiamento do governo do estado não conseguiram atrair para os distritos industriais atividade suficiente para torná-los viáveis. O orçamento da agência sofreu, também, corte radical, passando de 8,6% do orçamento do estado em 1982 (o percentual mais alto jamais atribuído à agência) para 0,008% em 1987 (Codin, 1987:31). O nível de qualificação da equipe da Codin logo se deteriorou e ficou ultrapassado.[43] Sem recursos, sobrecarregada com pessoal que nem sequer estava familiarizado com os conceitos essenciais de suas tarefas, e geralmente sem rumo, a Codin foi incapaz de manter o interesse de inúmeras empresas que cogitaram de investir no Rio de Janeiro, mas acabaram instalando-se em São Paulo, Minas Gerais ou outros estados.

Wellington Moreira Franco teve interesse em usar a agência como outro mecanismo de política clientelista. Como seu predecessor (e seu sucessor no governo do Rio, Brizola), Moreira Franco viu a Codin simplesmente como uma organização que vendia terras, e não como uma agência de desenvolvimento.[44] Motivado mais por um desejo de usar a política industrial

---

[42] Estudo independente feito no início dos anos 1980 concluiu que faltavam ao estado do Rio de Janeiro agências públicas adequadas para promoção de investimentos industriais. O estudo compara especificamente o desempenho do Rio com o de Minas Gerais (Magalhães, 1983:38).

[43] Por exemplo, o pessoal da agência que trabalha no desenvolvimento do pólo petroquímico do Rio de Janeiro não tem suficiente conhecimento da língua inglesa para manter-se em dia com o principal jornal do setor, *Chemical Engineering* (entrevista do autor com Carlos Alberto Monteiro Rego, diretor de Desenvolvimento Econômico do Iplan-Rio e ex-engenheiro químico do Ipea, em 5-6-1996, no Rio de Janeiro).

[44] Entrevista do autor com o ex-presidente da Codin durante o governo de Moreira Franco e o segundo governo de Brizola, Jorge Fernandes da Cunha Filho, em 2-8-1999, no Rio de Janeiro. As próximas observações são também baseadas nessa entrevista e em outras feitas anteriormente na Codin, em junho e julho de 1996, e com um observador externo, Carlos Alberto Monteiro Rego, em 5-6-1996, no Rio de Janeiro.

para arregimentar apoio em áreas altamente disputadas pelos brizolistas, Moreira Franco tentou usar os distritos industriais da Codin como parte de uma campanha populista para angariar votos dos trabalhadores do setor informal.

Entre 1986 e 1990, o governo do estado criou mais distritos industriais e tratou de vendê-los. Os principais projetos de Moreira Franco foram distritos industriais para desenho de moda e produção de equipamentos óticos, calçados e computadores. Todos foram retumbantes fracassos. As empresas de moda precisavam de capital, algo inteiramente fora do alcance da Codin. As firmas produtoras de lentes e molduras do distrito ótico eram em sua maioria pequenas, artesanais e, assim como os desenhistas de moda, não dispunham de capital. As empresas de calçados eram pobres, artesanais e operavam primordialmente no setor informal. Não apenas não tiveram dinheiro para transportar seu maquinário para o distrito industrial, como temiam que o estado viesse a processá-las por operarem sem licença, caso se estabelecessem nos distritos industriais do governo. O pólo para crescimento em computadores foi o maior fracasso. A política dependia da continuidade da legislação nacional de informática que protegia os produtores domésticos. Quando a administração Collor eliminou essa política, em 1990, apenas dois anos após a inauguração do distrito industrial, o projeto desmoronou.

Os altos funcionários da Codin afirmaram, inexplicavelmente, que haviam escrito uma história de sucesso vendendo esses distritos industriais para empresas. Mas um segundo exame revelaria que, embora os terrenos tenham sido vendidos (novamente a preços subsidiados), nenhuma nova atividade industrial foi iniciada nessas áreas. Nas palavras de um observador: "O governo do estado [através da Codin] estava subsidiando a especulação imobiliária, e não o desenvolvimento industrial".[45] Em todos esses casos, a política foi formulada com o objetivo primordial de ampliar a base populista e clientelista do governador. Exercendo controle direto sobre a agência, de cima para baixo, e encorajando sua politização, bem como a de congêneres como a AD-Rio, sucessivos governos estaduais trocaram a racionalidade econômica por uma política industrial em que a primazia era da política.

A centralização do controle político também provocou o corte do fluxo das informações dentro da Codin e entre esta e as empresas dos distritos industriais. Os atuais funcionários da Codin que nela trabalharam na década

---

[45] Entrevista do autor com Paulo Peregrino, chefe de Marketing da Codin, em 20-7-1999, no Rio de Janeiro, e Jorge Fernandes da Cunha Filho, ex-presidente da Codin, em 2-8-1999, no Rio de Janeiro.

de 1980 relatam que os administradores nomeados politicamente para as secretarias de Planejamento e de Indústria e Comércio raramente se comunicaram com a equipe da Codin durante as administrações de Chagas, Brizola (dois mandatos) e Moreira Franco.[46] Freqüentemente as instruções eram implementadas de maneira casuísta e oportunista, revelando a falta de planejamento.[47] O controle centralizado também prejudicou a criação de laços de comunicação contínua com as companhias de serviços públicos e a AD-Rio. Como conseqüência, os laços horizontais que ligavam Coind, Indi, BDMG, CDI, e Cemig em Minas Gerais não surgiram no Rio de Janeiro.

Conclusões

Os estudiosos da descentralização sustentam que o "elemento fundamental num sistema bem-sucedido de governo descentralizado é um equilíbrio apropriado entre regulamentos centrais e responsabilidades com prestação de contas no nível local" (Dillinger, 1995:118). O caso brasileiro está longe desse ideal. A transição que afetou todo o país na descentralização do Estado, na democratização do regime e na erosão do modelo de desenvolvimento liderado pelo Estado deixou seus administradores incapazes de criar uma estrutura de governo de ordem federal. Em termos de políticas, os governos estaduais e municipais assumiram maiores responsabilidades, autoridades e recursos, freqüentemente de maneiras que prejudicaram a estabilização macroeconômica e a reforma fiscal. As tentativas de Fernando Henrique Cardoso para tornar a centralizar produziram um padrão irregular de reformas fiscais que levou a um modesto sucesso na reforma da regulamentação do sistema financeiro e na privatização das empresas públicas subnacionais. Mas o presidente esteve continuamente constrangido por direitos constitucionais protegidos pelos "atores institucionais com poder de veto" do Senado. Nesse caso, conflitos distributivos intergovernamentais produziram uma estrutura federal inconsistente, estrutura que manteve um padrão diferencia-

---

[46] Entrevista do autor com pessoal da Codin, em maio de 1996, Rio de Janeiro, e entrevista com os ex-presidentes da Codin, Jorge Fernandes da Cunha Filho e Marco Antonio de Araujo Lima, presidente da Codin durante o governo de Marcello Alencar, 5 de junho de 1996, Rio de Janeiro, RJ.

[47] Segundo Gondim (1986), o mesmo se deu na administração da Fundação para Desenvolvimento da Região Metropolitana do Rio de Janeiro (Fundrem), agência de planejamento regional e municipal com pessoal tecnocrata. Tais observações são prova adicional de que os problemas da Codin tinham origens político-sistêmicas.

do de elaboração de políticas econômicas subnacionais, ainda que tenha afirmado os regulamentos federais em algumas áreas.

O padrão colcha de retalhos ficou ainda mais visível na área de política industrial. Sem qualquer estrutura federal, os estados adotaram suas próprias estratégias. Governos delegantes, como o que surgiu em Minas Gerais, conseguiram criar e manter uma rede de agências de desenvolvimento que manteve um alto nível de responsabilidade política e flexibilidade. Governos populistas, contudo, como os que apareceram no Rio de Janeiro, deixaram um legado bem diferente. Nesses casos, os executivos políticos centralizaram seu controle sobre as agências de política industrial, tornando-as incapazes de produzir as associações horizontais que foram cruciais para desenvolver a responsabilidade política e a flexibilidade em Minas Gerais.

O padrão colcha de retalhos no processo de formulação de políticas econômicas subnacionais no Brasil apresenta um claro desafio às duas perspectivas analíticas concorrentes aqui analisadas: as abordagens dos "atores com poder de veto" e das "histórias de sucesso". Conquanto os estados brasileiros tenham conseguido agir como "atores institucionais com poder de veto", outros fatores deram vantagem ao Estado central e particularmente ao presidente. A legislação que deu poder ao Executivo (FEF, Lei Kandir, Lei Camata) e os poderes legislativos do presidente (MPs) fortaleceram o Executivo num momento em que o Plano Real aumentou o custo da rolagem da dívida dos estados. A "guerra fiscal" e a capacidade do presidente de individualizar os custos para os estados recalcitrantes após a crise de janeiro de 1999 solaparam a capacidade de os estados fazerem oposição coletiva a Fernando Henrique. Isso mostra que os estados brasileiros não são fortes "atores partidários com poder de veto" e que sua fraqueza nessa dimensão dá ao presidente considerável margem de manobra para arrancar concessões na reforma.

A abordagem dos "atores com poder de veto" é contestada ainda mais diretamente pela visão das "histórias de sucesso". Diante da capacidade demonstrada, por exemplo, pelo Ceará e Minas Gerais para organizar e manter políticas econômicas e sociais, a análise dos estados não pode se reduzir ao simples exercício do "veto"; tampouco é possível caracterizá-los simplesmente como atores unidimensionais na "guerra fiscal". A política econômica subnacional tem, decididamente, mais nuanças do que presumem essas perspectivas.

Apesar disso, a abordagem das "histórias de sucesso" fica prejudicada por imaginar que "as boas coisas simplesmente acontecem". Este estudo apresenta uma possível explicação para a organização e a manutenção de uma política industrial subnacional baseada no entendimento *generalizável* das qualidades endógenas das políticas estaduais. Os interesses dos políticos subnacionais, o contexto político em que tomam suas decisões na atribuição de autoridade e recursos às agências de desenvolvimento e a maneira como essas agências são organizadas pesam na produção de políticas industriais sustentáveis entre os estados. Governos delegantes e agências organizadas em redes horizontais estão mais bem capacitadas para produzir e manter políticas industriais que respondam às mudanças nas condições políticas e econômicas. Inversamente, governos populistas produzem condições organizacionais que enfraquecem as agências de política industrial.

O padrão colcha de retalhos na formulação de política econômica subnacional no Brasil está longe do equilíbrio ideal entre regulamentação central e prestação de contas em nível subnacional, mas tem potencial para desenvolver-se nessas direções. Com as reformas constitucionais nos sistemas fiscal, previdenciário e administrativo, o governo federal terá poderes para fornecer uma base muito mais consistente de administração central que evitará perversões como a "guerra fiscal". As tentativas de generalizar experiências de "bom governo" através dos programas dos partidos políticos, do BNDES e do Banco Mundial, levando-as a outras partes da Federação brasileira, mantêm a esperança de que a descentralização produzirá a tão esperada política de responsabilidade com prestação de contas (*accountability*) que os teóricos freqüentemente lhe imputam.

Referências bibliográficas

Abrúcio, Fernando Luiz. Os barões da Federação: o poder dos governadores no Brasil pós-autoritário. São Paulo, Departamento de Sociologia, Universidade de São Paulo, 1994. (Tese de Mestrado.)

Affonso, Rui de Britto Álvares. A federação no Brasil: impasses e perspectivas. In: Affonso, Rui de Britto Álvares & Silva, Pedro Luiz Barros (orgs.). *A federação em perspectiva: ensaios selecionados*. São Paulo, Fundap, 1995.

______. Decentralização e crise federativa: a especificidade do Brasil. In: XX International Congress of the Latin American Studies Association. Guadalajara, Mexico, April 17-19, 1997.

______ & Silva, Pedro Luiz Barros (orgs.). *A federação em perspectiva: ensaios selecionados*. São Paulo, Fundap, 1995.

Afonso, José Roberto Rodrigues. Descentralização fiscal: revendo idéias. *Ensaios FEE, 15*(2):353-89, 1994.

______. A questão tributária e o financiamento dos diferentes níveis de governo. In: Affonso, Rui de Britto Álvares & Silva, Pedro Luiz Barros (orgs.). *A federação em perspectiva: ensaios selecionados*. São Paulo, Fundap, 1995.

______. Descentralizar e depois estabilizar: a complexa experiência brasileira. *Revista do BNDES, 3*(5):31-62, jun. 1996.

______. Memória da Assembléia Nacional Constituinte de 1987/88: as finanças públicas. *Revista do BNDES, 6*(11):21-48, jun. 1999.

______; Ramundo, Júlio César Maciel & Araújo, Erika Amorim. Breves notas sobre o federalismo fiscal no Brasil. 1998. mimeog.

Agência Estado, 24-8-1998.

Aghion, Philippe & Tirole, Jean. Formal and real authority in organizations. *Journal of Political Economy, 105*(1):1-29, 1997.

Almeida, Maria Hermínia Tavares de. Pragmatismo por necessidade: os rumos da reforma econômica no Brasil. *Dados, 39*(2), 1996.

Amaral Filho, Jair do. Desenvolvimento regional endógeno em um ambiente federalista. *Planejamento e Políticas Públicas, 14*:35-73, dez. 1996.

Ames, Barry. Electoral strategy under open-list proportional representation. *American Journal of Political Science, 39*(2):406-33, 1995.

Andrade, Luis Aureliano Gama de. Technocracy and development: the case of Minas Gerais. University of Michigan, 1980. (PhD Thesis.)

Arbix, Glauco & Rodrígues-Pose, André. Estratégias do desperdício: a guerra entre estados e municípios por novos investimentos e as incertezas do desenvolvimento. In: II Meeting of the International Working Group on Subnational Economic Governance in Latin America and Southern Europe. São Paulo, 23-29 de junho, 1999.

Arretche, Marta T. S. Mitos da descentralização: mais democracia e eficiência nas políticas públicas? *Revista Brasileira de Ciências Sociais, 11*(31):44-66, jun. 1996.

Baer, Werner. *Industrialization and economic development in Brazil*. Homewood, Il., Richard D. Unwin, 1965.

BDMG Banco de Desenvolvimento de Minas Gerais. 1989a. *Economia mineira 1989: diagnóstico e perspectivas*. Belo Horizonte, Governo de Minas Gerais, 1989a. (v. 1: Síntese e propostas.)

______. *Economia mineira 1989: diagnóstico e perspectivas*. Belo Horizonte, Governo de Minas Gerais, 1989b. (v. 2: Indústria; t. 1: Novos desafios.)

Bonfim, Antulio & Shah, Anwar. 1994. Macroeconomic management and the division of powers in Brazil: perspectives for the 1990s. *World Development, 22*:535-42, 1994.

Brito, Fausto. O Estado tutelar: o Indi na experiência mineira de industrialização na década de 70. *Revista Brasileira de Estudos Políticos, 58*:241-57, jan. 1984.

______. Minas Gerais: o retrocesso político recente. In: IV Seminário sobre a Economia Mineira. Belo Horizonte, Cedeplar/Face/UFMG, 1988.

Castro, Antônio Barros de. Renegade development: rise and demise of state-led development in Brazil. In: Smith, William C.; Acuña, Carlos H. & Gamarra, Eduardo A. (eds.). *Democracy, markets and structural reform in Latin America: Argentina, Bolivia, Brazil, Chile and Mexico*. New Brunswick, Transaction, 1994.

Cavalcanti, Carlos Eduardo G. & Prado, Sérgio. *Aspectos da guerra fiscal no Brasil*. Brasília, Ipea, 1998.

CNI Confederação Nacional da Indústria. *Políticas estaduais de apoio à indústria*. Rio de Janeiro, CNI, 1995.

Codin Companhia de Desenvolvimento Industrial. *Histórico*. Rio de Janeiro, Codin, 1987.

Coutinho, Luciano & Ferraz, João Carlos. *Estudo da competitividade da indústria brasileira*. São Paulo, Papirus, 1994.

Couto, Cláudio Gonçalves. A longa Constituinte: reforma do Estado e fluidez institucional no Brasil. *Dados, 41*(1):51-86, 1998.

Dillinger, William. Decentralization: politics and public services. In: Affonso & Silva, 1995.

______ & Webb, Steven B. Fiscal management in federal democracies: Argentina and Brazil. 1998. mimeog.

Diniz, Clélio Campolina. *Estado e capital estrangeiro na industrialização mineira*. Belo Horizonte, Universidade Federal de Minas Gerais (Proed), 1981.

Diniz, Eli. *Voto e máquina política: patronagem e clientelismo no Rio de Janeiro*. Rio de Janeiro, Paz e Terra, 1982.

Duarte Filho, Francisco Carvalho. Desempenho e fontes de crescimento da indústria mineira no período pós-75. *Análise e Conjuntura, 1*(2):31-52, maio/ago. 1986.

Dulci, Otávio Soares. Identidade regional e ideologia: o caso de Minas Gerais. *Textos Sociologia e Antropologia* (27). Universidade Federal de Minas Gerais (UFMG), Faculdade de Filosofia e Ciências Humanas, 1988.

Estado de Minas, 14-1-1990.

Estado do Rio de Janeiro. *Diretrizes gerais de governo: bases para o Plano de Desenvolvimento Econômico e Social, 1980-1983*. Rio de Janeiro, Governo do Rio de Janeiro, 1979.

Estado do Rio de Janeiro. *Plano de Desenvolvimento Econômico e Social*. Rio de Janeiro, Governo do Rio de Janeiro, 1983.

Evans, Peter B. *Dependent development: the alliance of multinational, state, and local capital in Brazil*. Princeton, Princeton University Press, 1979.

Exame. As lições do "efeito Fiat". Jun. 1999. p. 251.

Figueiredo, Argelina Cheibub & Limongi, Fernando. O Congresso e as medidas provisórias: abdicação ou delegação. *Novos Estudos Cebrap, 47*:127-54, mar. 1997.

Garrett, Geoffrey & Lange, Peter. Internationalization, institutions, and political change. In: Keohane, Robert O. & Milner, Helen V. (eds.). *Internationalization and domestic politics*. Cambridge, Cambridge University Press, 1996.

Gay, Robert. Political clientelism and urban social movements in Rio de Janeiro. Brown University, 1988. (PhD Thesis.)

Geddes, Barbara. *Politician's dilemma: building state capacity in Latin America*. Berkeley, University of California Press, 1994.

Genro, Tarso & Souza, Ubiratan de. *Orçamento participativo: a experiência de Porto Alegre*. São Paulo, Fundação Perseu Abramo, 1997.

Gondim, Linda Maria de Pontes. Planners in the face of power: the case of the metropolitan region of Rio de Janeiro, Brazil. Cornell University, 1986. (PhD Thesis.).

Hagopian, Frances. *Traditional politics and regime change in Brazil*. Cambridge, Cambridge University Press, 1996.

Hillbrecht, Ronald. Federalismo e a União Monetária Brasileira. *Estudos Econômicos, 27*(1):53-67, jan./abr. 1997.

Horta, Cid Rebelo. Famílias governamentais de Minas Gerais. *Análise e Conjuntura, 1*(2):111-45, maio/ago. 1986.

IDB Inter-American Development Bank. *Latin America after a decade of reforms: economic and social progress in Latin America, 1997 report*. Washington, D.C., IDB, 1997.

Indi (Instituto de Desenvolvimento Industrial). *Minas Gerais: uma localização privilegiada.* Belo Horizonte, Indi, 1997.

Indicadores Desep. Departamento de Estudos Sócio-Econômicos e Políticos da CUT, 1994.

Indicadores Diesp. Directoria de Economia do Setor Público, *8*(71), mar./abr. 1999.

Jornal do Brasil. Estados pressionam por solução imediata. 14-7-1999a. p. 2.

______. Dívida do Estado é abatida em 50%. 15-7-1999b. p. 21.

______. Governadores farão cobrança. 16-7-1999c. p. 2.

______. Governadores vão ao presidente. 17-7-1999d.

Krugman, Paul. *Geography and trade.* Cambridge, MIT Press, 1991.

Kugelmas, Eduardo; Sallum, Jr., Brasílio & Graeff, Eduardo. Conflito federativo e transição política. *São Paulo em Perspectiva, 3*:94-102, 1989.

Loyola, Gustavo. *Bancos públicos estaduais: origens da questão BE's e perspectivas do setor.* Brasília, Banco Central do Brasil, 1993. (Série Pronunciamentos, n. 6.)

Magalhães, João Paulo de Almeida. *Projeto Pro-RIO: problemas e potencialidades do estado do Rio de Janeiro.* Rio de Janeiro, Instituto de Estudos Políticos e Sociais, 1983.

Mainwaring, Scott. Multipartism, robust federalism, and presidentialism in Brazil. In: *Presidentialism and democracy in Latin America.* Mainwaring, Scott & Shugart, Matthew Soberg (eds.). New York, Cambridge University Press, 1997.

______. *Rethinking party systems in the third wave of democratization: the case of Brazil.* Stanford, Stanford University Press, 1999.

______ & Samuels, David. Federalism, constraints on the central government, and economic reform in democratic Brazil. In: Conference on Federalism, Democracy, and Public Policy. Centro de Investigación y Docencia Económicas (Cide), Mexico City, Mexico, June 14-15, 1999.

Martins, Luciano. *Estado capitalista e burocracia no Brasil pós 64.* Rio de Janeiro, Paz e Terra, 1985.

Mata-Machado, Bernardo. O poder político em Minas Gerais: estrutura e formação. *Análise e Conjuntura, 2*(1):91-124, jan./abr. 1987.

McCubbins, Matthew & Schwartz, Thomas. Congressional oversight overlooked: police patrols versus fire alarms. *American Journal of Political Science, 28*:165-79, Feb. 1984.

Melo, Marcus André. O jogo das regras: a política da reforma constitucional de 1993-96. *Revista Brasileira de Ciências Sociais, 33*(12):63-85, fev. 1997.

Miller, Gary J. *Managerial dilemmas: the political economy of hierarchy*. New York, Cambridge University Press, 1992.

Montero, Alfred P. State interests and the new industrial policy in Brazil: the privatization of steel, 1990-1994. *Journal of Interamerican Studies and World Affairs, 40*(3):27-62, Summer 1998.

______. Surviving globalization by remaking developmentalism in Minas Gerais (Brazil). In: II Meeting of the International Working Group on Subnational Economic Governance in Latin America and Southern Europe. São Paulo, 23-29 de junho, 1999a.

______. Shifting states in global markets: subnational industrial policy in contemporary Brazil and Spain. 1999b. mimeog.

______. Devolving democracy? Political decentralization and the new Brazilian federalism. In: Kingstone, Peter R. & Power, Timothy J. (eds.). *Democratic Brazil: actors, institutions, and processes*. Pittsburgh, University of Pittsburgh Press, 2000.

Novaes, W. & Werlang, S. Inflationary bias and state-owned financial institutions. *Journal of Development Economics, 47*:135-54, 1995.

Nylen, William. Reconstructing the Workers' Party (PT): lessons from North-Eastern Brazil. In: Chalmers, Douglas; Vilas, Carlos M.; Hite, Katherine; Martin, Scott B.; Piester, Kerianne & Segarra, Monique (eds.). *The new politics of inequality in Latin America: rethinking participation and representation*. New York, Oxford University Press, 1997.

Pereira, Luiz Carlos Bresser. Economic reforms and economic growth: efficiency and politics in Latin America. In: Pereira, Luiz Carlos Bresser; Maravall, José María & Przeworski, Adam (eds.). *Economic reforms in new democracies: a social-democratic approach*. Cambridge, Cambridge University Press, 1993.

______. *Economic crisis and state reform in Brazil: toward a new interpretation*. Boulder, Lynne Rienner, 1996.

Rodrigues, Denise Andrade. O papel dos governos estaduais na indução do investimento: a experiência dos estados do Ceará, da Bahia, e de Minas Gerais. *Revista do BNDES, 5*(10):151-74, dez. 1998.

______. A distribuição setorial e estadual dos novos investimentos no Brasil: 1996-98. *Revista do BNDES, 6*(11):79-96, jun. 1999.

Rueschemeyer, Dietrich & Evans, Peter B. The state and economic transformation: toward an analysis of the conditions underlying effective intervention. In: Evans, Peter B.; Rueschemeyer, Dietrich & Skocpol, Theda (eds.). *Bringing the state back in*. New York, Cambridge University Press, 1985.

Samuels, David J. Careerism and its consequences: political careers, federalism, elections, and policy-making in Brazil. San Diego, Department of Political Science, University of California, 1998. (PhD Thesis.)

______ & Abrúcio, Fernando Luiz. Federalism and democratic transitions: the "new" politics of the governors in Brazil. s.d. mimeog.

Schneider, Ben Ross. *Politics within the state: elite bureaucrats and industrial policy in authoritarian Brazil*. Pittsburgh, University of Pittsburgh Press, 1991.

Selcher, Wayne A. The politics of decentralized federalism, national diversification, and regionalism in Brazil. *Journal of Interamerican Studies and World Affairs, 40*(4):25-50, Winter 1998.

Shapiro, Helen. *Engines of growth: the state and transnational auto companies in Brazil*. New York, Cambridge University Press, 1994.

Silva, Pedro Luiz Barros & Costa, Vera Lúcia Cabral. Descentralização e crise da Federação. In: Affonso, Rui de Britto Álvares & Silva, Pedro Luiz Barros (orgs.) *A federação em perspectiva: ensaios selecionados*. São Paulo, Fundap, 1995.

Sola, Lourdes. Estado, regime fiscal e ordem monetária: qual Estado? *Revista Brasileira de Ciências Sociais, 10*:29-60, 1995.

______; Garman, Christopher & Marques, Moises. Central banking, democratic governance and political authority: the case of Brazil in a comparative perspective. *Revista de Economia Política, 18*(2):106-31, abr./jun. 1998.

Souza, Celina. *Constitutional engineering in Brazil: the politics of federalism and decentralization*. New York, St. Martin's Press, 1997.

Spink, Peter & Clemente, Roberta (orgs.). *20 experiências de gestão pública e cidadania*. Rio de Janeiro, Fundação Getulio Vargas, 1997.

Stepan, Alfred (ed.). *Democratizing Brazil: problems of transition and consolidation*. New York, Oxford University Press, 1989.

Suzigan, Wilson. Política comercial e perspectivas da indústria brasileira. dez. 1992. p. 1-20. (Unicamp Discussion Paper 13.)

Tendler, Judith. *Good government in the tropics*. Baltimore, Johns Hopkins University Press, 1997.

Ter-Minassian, Teresa. Brazil. In: Ter-Minassian, Teresa (ed.). *Fiscal federalism in theory and practice: a collection of essays*. Washington, D.C., International Monetary Fund, 1997.

Tsebelis, George. Decision making in political systems: veto players in presidentialism, parliamentarism, multicameralism, and multipartyism. *British Journal of Political Science, 25*(3):289-325, 1995.

Varsano, Ricardo. A guerra fiscal do ICMS: quem ganha e quem perde. *Planejamento e Políticas Públicas, 15*:3-18, jun. 1997.

Werlang, Sérgio R. & Fraga Neto, Armínio. Os bancos estaduais e o descontrole fiscal: alguns aspectos. *Revista Brasileira de Economia, 49*(2):265-75, abr./jun. 1995.

Weyland, Kurt. *Democracy without equity: failures of reform in Brazil*. Pittsburgh, University of Pittsburgh Press, 1996.

Willis, Eliza. Explaining bureaucratic independence in Brazil: the experience of the National Economic Development Bank. *Journal of Latin American Studies, 27*(3):625-61, 1995.

______. Influencing industrial location through regional and local development in federal states: some lessons. *International Review of Administrative Science, 62*:401-11, 1996.

______, Garman, Christopher & Haggard, Stephan. The politics of decentralization in Latin America. *Latin American Research Review, 34*(1):7-56, 1999.

Wirth, John D. *Minas Gerais in the Brazilian Federation 1889-1937*. Stanford, Stanford University Press, 1977.

Comentários

Renato Boschi[*]

O trabalho de Alfred Montero surpreendeu-me muito positivamente não apenas por ser inovador, mas também porque se contrapõe a certas verdades mais ou menos consagradas que, na realidade, não são verdades, e sim polaridades que permeiam a análise da mudança institucional, que é como poderíamos chamar genericamente tudo isso que está sendo dito aqui acerca do federalismo e suas implicações, tendo de um lado a reforma fiscal e, de outro, a questão de política industrial. Creio que uma das grandes contribuições de Montero é ter chegado a um meio-termo entre visões que a meu ver são opostas, tal como aparecem na literatura, mas que não são totalmente verdadeiras em si mesmas.

Segundo Montero, há uma ênfase excessiva tanto nas histórias de sucesso — cuja perspectiva não me parece particularmente positiva porque corresponde a endeusar a descentralização e o papel da sociedade civil na produção de processos virtuosos, sem marcar claramente os aspectos institucionais dessa tendência positiva à descentralização e do papel positivo que a sociedade civil pode representar — quanto na valorização da centralização e de um Executivo não cerceado e autônomo como condição para o sucesso das políticas econômicas. Creio que, do ponto de vista de suas implicações para a democracia, ambas as posições são igualmente nefastas. Assim, o grande mérito do trabalho de Montero está exatamente em especificar certas condições que, embora gerando o que ele chama de um padrão colcha de retalhos na produção de política industrial, seriam subjacentes ao sucesso ou ao sucesso relativo ou mesmo ao fracasso na implementação de políticas no nível estadual. Sua análise comparativa reforça uma linha de argumentação presente em alguns outros trabalhos sobre o papel das redes horizontais na geração de *accountability* para o sucesso de políticas econômicas — ocorre-me, por exemplo, o trabalho de David Stark sobre o Executivo cerceado e o papel das redes nos processos de privatização na Hungria e na Tchecoslováquia. Todos eles apontam alguns dos fatores realmente responsáveis pelo sucesso relativo ou o fracasso das experiências.

---

[*] Professor de ciência política do Instituto Universitário de Pesquisas do Rio de Janeiro — Iuperj.

Outro mérito é a tentativa de teorizar um pouco mais acerca das condições que prevalecem em cada caso de governança subnacional nas diferentes áreas de políticas públicas. Montero mostra que certos aspectos enfatizados numa análise da reforma tributária, da política fiscal etc. não são necessariamente os mesmos que deveriam ser enfatizados para explicar um outro aspecto da política econômica que tem a ver com a produção de política industrial, por exemplo. Na verdade, ele até relaciona esses dois processos — política fiscal e política industrial — como momentos diferentes e visualiza certas dificuldades que se verificam no âmbito da implementação de políticas fiscais como uma das condições mesmo para o sucesso da implementação de políticas industriais, como se fossem janelas de oportunidades ou *constraints* para que se verifique um padrão adaptativo e flexível no âmbito da outra política. Do ponto de vista de uma análise institucional, é importante distinguir não apenas os fatores que atuam em contextos diferentes, mas os que influem na produção de distintas áreas de políticas.

Outro aspecto relevante diz respeito às trajetórias prévias — *path depedency* — na análise das experiências bem-sucedidas. O trabalho de Montero mostra muito bem como a questão do *timing* é importante. Em outras palavras, explicar o "deslanchamento" de determinadas políticas não é a mesma coisa que explicar sua manutenção no tempo. São dois momentos distintos, e, em muitos casos, o momento da sustentação depende muito de como foi o momento do deslanchamento.

Teoricamente, portanto, o que Montero está apontando é exatamente a dificuldade ou a necessidade de sistematizar os aspectos envolvidos na questão da mudança institucional. Pois identificar os problemas no funcionamento da Federação e seus supostos corretivos se traduz numa dificuldade de ordem teórica a respeito das limitações do *design* institucional. Como falar *ex ante* sobre as possibilidades ou os resultados da mudança institucional? Tal dificuldade teórica não se resolve no âmbito da ciência política, das abordagens institucionais. Obviamente, existem teorizações que estão atentando para essas dificuldades e que, no âmbito da economia política, por exemplo, tratam de pensar experimentos institucionais bem-sucedidos e sua difusão no âmbito de rendimentos crescentes, em vez de decrescentes, e com base num cálculo probabilístico. Tais esforços, aliás, têm como um dos seus vetores empíricos precisamente a especificação dos fatores ligados ao sucesso ou fracasso da implementação de distritos industriais. Quais são os fatores que geram atrativos e até que ponto uma experiência pode deflagar um ciclo virtuoso? A dificuldade de se generalizar ou difundir experiências reside justamente nas especificidades de cada contexto e de cada caso, mas creio que, no caso brasileiro, a natureza das relações federativas é de fato um componente que contribui para a impossibilidade de generalização dessas experiências.

Assim, a importância da análise de Montero está em especificar essas duas lógicas institucionais: de um lado, a lógica da delegação e suas implicações do ponto de vista da criação de relações horizontais; de outro, a lógica envolvida no que ele chama de populismo, mas que a meu ver poderia ser vista como a lógica das relações hierárquicas e verticais, ou seja, do clientelismo.

Fiz um estudo comparando dois municípios, Belo Horizonte e Salvador, para tentar explicar por que determinadas experiências — no caso, o orçamento participativo, o próprio plano diretor da cidade e o funcionamento de determinados conselhos, que são experiências novas de descentralização de políticas no âmbito municipal — apresentam diferentes resultados em cada contexto. Por que em Salvador as coisas não dão certo, enquanto Belo Horizonte é um caso de relativo sucesso de todas essas experiências? A resposta aponta na mesma direção que o estudo de Montero comparando Minas e Rio de Janeiro. Em Salvador havia um cerco clientelista, marcado pela atuação do senador Antônio Carlos Magalhães, contra a administração municipal. No momento em que situo a minha análise, foi possível comparar as duas experiências em termos da orientação das plataformas de governo: dois governos de orientação de esquerda, de frente popular, de coalizão em nível municipal — o de Lídice em Salvador e o de Patrus em Belo Horizonte. No primeiro caso, a coalizão de Salvador se viu totalmente aprisionada pelo cerco imposto pela atuação clientelista e caciquista de Antônio Carlos Magalhães, situação que não existia no caso de Belo Horizonte. Mas o fato de haver uma relação verticalizada não basta para explicar o sucesso relativo de uma ou outra experiência. No caso de Belo Horizonte, já havia um processo prévio de descentralização, ou seja, uma trajetória anterior responsável pela geração de capital social. É aí que entra a *path dependency*. A criação de uma rede de agências responsáveis pela implementação da política urbana resultou, ao longo do tempo, num projeto: o próprio plano diretor, que era muito mais bem articulado do ponto de vista da acomodação de interesses em conflito. Dentro desse quadro podem funcionar melhor, por exemplo, uma política descentralizada, com conselhos, e um orçamento participativo, o qual por sua vez depende fundamentalmente de uma estrutura previamente descentralizada. Descentralização e relações horizontalizadas entre as agências incumbidas da implementação de uma determinada política: eis precisamente os dois fatores que Montero aponta em sua análise da implementação de políticas industriais como responsáveis pelas diferenças de desempenho entre Minas e Rio de Janeiro. Em suma, ambos estabelecem limitações ao uso dos recursos econômicos para fins clientelísticos por parte do governador do estado.

Para concluir, gostaria de apontar o que considero problemático do ponto de vista das implicações para uma teoria da democracia e do processo de democratização. Creio que duas coisas podem ser ditas a esse respeito, ambas ligadas à questão do exercício mais ou menos arbitrário do poder político no nível do Executivo. Afinal, a noção de "atores com poder de veto" (*veto players*) aplicada ao âmbito de funcionamento da Federação encerra, no caso dos governadores, conotação extremamente negativa. *Veto players* ou funcionamento da Federação pura e simples? Ao se atribuir essa característica ao processo de descentralização da política e sua relação com o Executivo, o que está sendo dito? Deverão prevalecer sempre o Executivo e a política centralizada ou uma certa autonomia dos poderes federativos é simplesmente uma manifestação do princípio de funcionamento da democracia que pode ser vista positivamente? Enfatizar a centralização no Executivo federal a partir de uma visão negativa da Federação em face de um princípio de veto supostamente disfuncional significa desvalorizar o papel dos *checks and balances* na democracia. Nos termos postos, essa posição encobre uma valorização, a meu ver indevida, do Executivo não cerceado, que usa medidas provisórias, que manda e desmanda, como uma condição para o sucesso de certas políticas. A crítica apresentada por Montero desvenda essa possibilidade. Por outro lado, falar em colcha de retalhos na produção da política industrial pode ter uma implicação negativa, na medida em que isso significa que seria preferível uma política coordenada, implementada no âmbito central. E creio que, dependendo de como se veja esse processo, o padrão colcha de retalhos pode ser visto como extremamente positivo. Montero aponta limitações no funcionamento desse padrão, mas diz também que se trata de uma oportunidade de mudança institucional.

Parece-me que, no caso da guerra fiscal entre estados, ao se identificar o papel dos governos estaduais como *veto players* disfuncionais, corre-se o risco de passar para outros âmbitos — como os da participação política e da reforma política — e extrair daí certas lições de *design* institucional que seriam em princípio positivas. E ao se fazer isso pode-se estar prestando um desserviço à democracia ou à institucionalização de processos democráticos, na medida em que as sugestões que favorecem o pólo da centralização no Executivo podem representar uma regressão no que diz respeito ao funcionamento democrático. O padrão colcha de retalhos não é necessariamente negativo, e o funcionamento da Federação não pode ficar à mercê da política econômica. A política econômica não pode aniquilar o funcionamento da Federação.

Capítulo 4

Sociedade civil, capital social e desenvolvimento econômico*

*David Skidmore***

Nas últimas décadas, os debates acerca dos determinantes do desenvolvimento econômico têm girado rotineiramente em torno de desavenças quanto às fronteiras adequadas entre o Estado e o mercado. Os partidários do estatismo argumentam que os mercados imperfeitos e imaturos da maioria dos países em desenvolvimento precisam de forte orientação de um Estado weberiano autônomo. Os neoliberais defendem a eficiência dos mercados livres na utilização dos recursos e criticam as distorções que acompanham inúmeras formas de intervenção do Estado. Nenhuma das perspectivas enfatiza primariamente o papel da sociedade civil — aquelas formas intermediárias de organização social parcialmente independentes que se situam entre o Estado e o mercado.

Quando às vezes enfocam o papel que a sociedade civil desempenha no desenvolvimento econômico, estatistas e neoliberais encontram um ponto comum na avaliação negativa do impacto econômico do associativismo. Os estatistas receiam que uma sociedade civil vigorosa pressione o Estado com múltiplas demandas. Essas pressões externas minam a autonomia burocrática, pré-requisito central da administração neutra, tecnocrática, do processo de desenvolvimento. No ponto extremo, uma sociedade civil constantemente agitada ameaça oprimir instituições políticas frágeis, podendo levar à ingovernabilidade com as incontroláveis e contraditórias demandas vindas de baixo (Huntington, 1968).

Os neoliberais vêem a questão em termos similares: a mobilização da sociedade implica geralmente conluio entre agentes que buscam favoreci-

---

* Tradução: Paulo Martins Garchet.

** Professor do Departamento de Política e Relações Internacionais da Drake University (EUA).

mento, que tentam transferir renda de outros segmentos da sociedade manipulando mercados ou políticas estatais. Essas coalizões distributivas premiam quem se organizou à custa de quem não o fez, num jogo de soma zero. A busca generalizada de favorecimento nada acrescenta ao desenvolvimento econômico geral e, na verdade, interfere com o processo de crescimento, distorcendo incentivos e impedindo a inovação (Olsen, 1982).

Na última década, um número crescente de sociólogos, economistas e cientistas políticos procurou derrubar essa visão negativa das conseqüências econômicas do associativismo. A noção de capital social serviu como ponta de lança desse esforço por definir uma "terceira via" no caminho do desenvolvimento. O capital social constitui-se do potencial econômico incorporado às organizações sociais e das normas de confiança e reciprocidade que as animam. Nessa visão, a auto-organização da sociedade civil é indispensável ao sucesso do desenvolvimento econômico, complementando os papéis desempenhados pelo Estado e pelo mercado.[1]

A promissora mas ainda imatura revisão do pensamento sobre o papel da sociedade civil tem potencial para inspirar importantes mudanças nas políticas e práticas tradicionais de desenvolvimento. Num momento em que as receitas estatistas tradicionais estão recuando em quase todos os lugares, mas persiste um ceticismo generalizado quanto às alternativas neoliberais, uma visão de desenvolvimento centrada nas raízes do comunalismo tem um óbvio apelo.

Mas os *insights* oferecidos pela crescente literatura sobre sociedade civil e desenvolvimento econômico não negam inteiramente as objeções compartilhadas por estatistas e neoliberais em relação a algumas formas de associativismo. Nem todas as formas de organização da sociedade civil são iguais. As organizações construídas em torno de laços verticais fortes — tais como as relações patrão-cliente, cartéis de drogas e redes predatórias de corrupção que envolvem tanto atores estatais quanto não-estatais — repousam sobre relações de exploração e coerção. Coalizões distributivas aproveitam-se do controle coletivo exclusivo de ativos sociais valiosos para promover lucros para os membros do grupo. Ambas essas formas particulares de associativismo têm relação de soma zero com o restante da sociedade e ambas tendem a resistir a inovações que produzam riqueza (Portes & Landolt, 1996). Asso-

---

[1] Para uma amostra da literatura sobre capital social, ver Coleman, 1988; Evans, 1996b; Fountain, 1997; Granovetter, 1985; Heller, 1996; Putnam, 1993a, 1993b e 1995; Unger, 1998; e Warner, 1999.

ciações socialmente positivas, ao contrário, tendem a tomar a forma de redes horizontais, não exclusivas, que servem para solucionar problemas de ação coletiva ou reduzir os custos de transação.

Felizmente, tanto a globalização quanto a democratização, que fizeram significativos avanços no mundo em desenvolvimento nas duas últimas décadas, têm o efeito de romper formas perniciosas de associativismo: a democracia tende a minar as associações verticais que repousam sobre a coerção e a corrupção; a globalização solapa as bases de coalizões distributivas organizadas nacionalmente, expondo produtores anteriormente protegidos à renovada competição de mercado no nível internacional.

Nem a democratização nem a globalização, contudo, asseguram o crescimento de formas positivas de associativismo. O capital social se acumula lentamente. Assim, as nações que, por complexas razões históricas e culturais, possuem grandes estoques preexistentes de capital social têm maior potencial de crescimento e bem estar-social que aquelas que possuem escassos estoques de capital social. Saber se o Estado ou outros atores conseguem intervir intencionalmente para estimular a acumulação de formas positivas de capital social na sociedade civil é uma questão importante que, entretanto, ainda aguarda resposta.

Este trabalho oferece uma visão geral da recente literatura sobre o papel que a sociedade desempenha no desenvolvimento e faz comparações críticas entre as teorias estatistas e neoliberais existentes. Uma vez que a discussão está localizada no nível de conceitos básicos, ela, confessadamente, deixa de refletir a vasta diversidade de experiência no mundo em desenvolvimento.

Definição de sociedade civil

A sociedade civil tem sido definida de várias maneiras (Fisher, 1998: 11-2). Mais comumente, o termo refere-se às variadas formas de organização social que se situam entre o indivíduo e o Estado. A sociedade civil se manifesta em uma quase infinita variedade de grupos sociais, que vão dos clubes esportivos aos partidos políticos. A sociedade civil é uma expressão do desejo humano básico de socializar-se com outros através de associação voluntária.

Em algumas formulações, o conceito de sociedade civil é restringido, de modo a excluir os empreendimentos com fins lucrativos, isto é, as empresas comerciais. Isso nos permite distinguir a sociedade civil não apenas do Estado, mas também do mercado. Uma vez que este trabalho pretende examinar os respectivos papéis do Estado, da sociedade e do mercado no desenvolvimento econômico, essa definição mais restrita é a que melhor atende nossas necessidades.

Mas é necessário introduzir uma importante modificação nesta última definição. Na teoria econômica neoclássica, os mercados perfeitos assemelham-se a leilões em que um grande número de licitantes anônimos se engajam em trocas com certo distanciamento. No mundo real, porém, o associativismo que anima a sociedade civil também influencia o caráter das relações de mercado, levando as empresas a formar associações comerciais ou a construir redes duradouras com firmas congêneres. Os trabalhadores se organizam em sindicatos. Até os consumidores às vezes se filiam ou contribuem para organizações que advogam seus interesses.

Essas expressões de associativismo entre empresas, trabalhadores e consumidores nos levam além das relações efêmeras e estreitamente utilitárias descritas no modelo de mercado como leilão. Muitas formas de associação econômica não são respostas diretas a sinais do mercado, embora seus membros esperem que sua participação venha a agregar valor econômico no longo prazo. A vida econômica é permeada de expressões de sociabilidade que não são motivadas estritamente pela lógica de mercado. Isso forma uma zona indefinida em que os mercados e a sociedade civil se superpõem e se inter-relacionam. A linha divisória entre mercado e sociedade civil é, portanto, difusa e ambígua, em vez de nítida e clara. Na discussão que se segue, minha conceituação de mercado e sociedade civil comporta certo grau de superposição ou interpenetração entre esses dois reinos da vida social.

Papel do capital social

Uma forma de explorar os impactos da sociedade civil no desempenho econômico está ligada ao conceito de capital social. Os economistas definem capital como qualquer ativo que produza riqueza. As formas comumente reconhecidas de capital incluem capital natural físico e humano, referindo-se este último às habilidades, ao conhecimento e à criatividade com que os indivíduos contribuem para a vida econômica. O capital social, em contrapartida, é próprio dos instrumentos da vida social e econômica. Em outras palavras, refere-se ao potencial de produção de riqueza que flui das várias formas de associação coletiva.

O Banco Mundial define capital social como "as instituições, relações e normas que conformam a qualidade e a quantidade das interações sociais de uma sociedade" (World Bank, 2000). O capital social refere-se explicitamente às relações e não pode ser produzido por indivíduos agindo isoladamente. Em suma, o capital social reflete o valor da atividade social cooperativa.

As famílias, comunidades e nações diferem em seu dote de capital social. Em algumas, as redes sociais que dão origem ao capital social são densas e eficientemente organizadas. Em outras, os níveis de associativismo são baixos e a reserva de capital social é pequena. A teoria recente sugere que, mantidas as demais condições, as comunidades com níveis relativamente altos de capital social terão melhores níveis de desempenho econômico e bem-estar social.

Analisando alguns exemplos de estudos empíricos recentes sobre a relação entre associativismo e desempenho econômico, pode-se ter uma melhor noção do papel econômico do capital social:

- levantamento do capital social em aldeias da zona rural da Tanzânia verificou que um desvio-padrão de incremento do capital social estava associado a um crescimento de 20 a 30%, em média, nas rendas familiares (Narayan & Pritchett, 1997);
- estudos das taxas de desistência escolar nos EUA sugerem que os estudantes inseridos em redes sociais que lhes dão apoio têm menor probabilidade de deixar a escola antes da graduação (Coleman, 1988);
- no estado indiano de Querala, altos níveis de mobilização social estão associados a um bem-estar social surpreendentemente melhor, em comparação com outros estados com renda *per capita* similar ou até maior (Heller, 1996);
- distritos industriais regionais que reúnem conglomerados de empresas de campos relacionados — ainda que freqüentemente concorrentes entre si —, formando uma estreita malha, constituem um poderoso mecanismo de inovação e transformação econômica. Por exemplo, a indústria de computadores do Vale do Silício e as empresas têxteis do norte da Itália (Fountain, 1997; Piorre & Sabel, 1984);
- estudos recentes sugerem que o salto do Japão para o predomínio industrial durante o período que se seguiu à II Guerra Mundial deveu-se menos à intervenção direta do Estado na forma de política industrial do que às características organizacionais singulares do setor privado japonês, aí incluído o desenvolvimento de fortes laços entre os grupos de firmas reunidas em torno de bancos líderes (Porter & Takeuchi, 1999; Hamilton & Biggart, 1988);

• a parceria simbiótica entre agências públicas e associações locais nas aldeias rurais de Formosa criou uma eficiente rede de irrigação que depende da ação coletiva dos fazendeiros locais (Lam, 1996);

• estudo sobre projetos de abastecimento de água a zonas rurais financiados por agências de assistência verificou que os projetos com alto grau de participação dos beneficiários tinham uma taxa de sucesso de 68%, enquanto os projetos com baixa participação dos beneficiários apresentaram uma taxa de sucesso de apenas 12% (World Bank, 1998:22);

• em Bangladesh, o Banco Grameen — assim como seus inúmeros seguidores nesse movimento de microcréditos em rápida expansão — é exemplo de como uma auto-organização local pode oferecer aos pobres crédito que eles não podem obter nos canais comerciais normais. Esse caso mostra também como o capital social pode servir para compensar o fracasso do mercado;

• as firmas que adquirem capital através de relações duradouras e socialmente inseridas com seus emprestadores pagam menos pelo crédito que aquelas que obtêm financiamento através de transações episódicas e distantes no mercado (Uzzi, 1999);

• estudo verificou que as "associações comunitárias" — incluindo as sociedades corporativas e confucianas — que gozam de altos níveis de solidariedade social e organização alcançam níveis mais altos de crescimento econômico que associações não-comunitárias (Swank, 1996).

Como o capital social estimula o crescimento

Com base em exemplos desse tipo, os estudiosos identificaram quatro modos principais pelos quais as redes sociais estimulam o desempenho econômico:

• níveis elevados de confiança social e fortes tradições de reciprocidade reduzem os custos de transação (Fukuyama, 1995);

• as redes sociais diluem o risco, dando a cada membro apoio em tempos de crise e permitindo que o grupo como um todo se engaje em inovações gerais e em níveis de risco mais elevados;

• as redes sociais facilitam a rápida disseminação de informações entre os membros e reduzem as assimetrias que, do contrário, poderiam desencorajar transações lucrativas;

• as redes sociais permitem que seus membros resolvam mais facilmente os problemas de ação coletiva, com menos receio de defecções e comportamentos de carona.

Ilustrando a lógica do capital social

Podemos ilustrar a lógica do capital social considerando as vantagens que ele oferece aos Estados e às empresas. Para os Estados, o capital social fornece o conhecimento prático local de que os planejadores oficiais freqüentemente carecem. Para as empresas, o capital social, na forma de redes, permite que os produtores se beneficiem das vantagens da economia de escala sem sacrificar a flexibilidade.

Como James Scott (1998) eloqüentemente argumentou, "ter uma visão como a do Estado" significa adotar uma visão sinótica do processo de desenvolvimento. Os Estados lidam com a complexidade tentando impor maior simplicidade e ordem. O progresso é medido por alguns poucos indicadores básicos que deixam de registrar a multidimensionalidade da vida social. As tentativas do Estado de impor, de cima para baixo, receitas padronizadas de desenvolvimento podem levar aos tipos de fracassos catastróficos e trágicos documentados por Scott. O sucesso no desenvolvimento exige que os planejadores dêem atenção às realidades do cotidiano da vida social nas comunidades particulares.

Não é fácil para os Estados obter esse tipo de "conhecimento prático", mas ele pode ser encontrado nas redes concretas da sociedade civil. A necessidade de adequar os planos de desenvolvimento às comunidades específicas constitui um dos motivos mais fortes para a criação de parcerias de desenvolvimento que atravessem as fronteiras entre Estado e sociedade. Assim como as comunidades locais precisam dos recursos e do *know-how* dos agentes do Estado, os funcionários públicos precisam do conhecimento e da cooperação de interlocutores locais.

A importância do capital social para o desenvolvimento econômico é realçada pelo surgimento do capitalismo de rede, no qual firmas antes independentes tendem a criar laços cooperativos duradouros entre si e com outros parceiros públicos e privados. O trabalho em rede é uma resposta aos problemas de escala. Grandes empresas se beneficiam de economias de escala e podem reduzir os custos das transações através da integração vertical, mas seu porte também pode prejudicar a flexibilidade, particularmente em mercados onde haja rápidas alterações. Empresas menores podem responder às mudanças com maior rapidez, mas perdem as economias de escala.

Esse dilema pode ser parcialmente resolvido mediante a construção de redes informais, porém densas, de relações entre pequenas e médias empresas, algumas vezes envolvendo também agências públicas ou instituições educacionais. A descentralização da propriedade e da decisão dá flexibilidade e reduz o tempo de resposta, enquanto a rede como um todo serve individualmente aos membros diluindo o risco e gerando potenciais economias de escala.

Elemento fundamental para o sucesso das redes empresariais é o desenvolvimento de relações caracterizadas pelos altos níveis de confiança e reciprocidade difusa que surgem das expectativas de colaboração continuada, à medida que diminuem as preocupações com possíveis trapaças e traições. Uma vez estabelecidos altos e sustentáveis níveis de confiança, os custos das transações, que são o principal obstáculo aos acordos de formação de redes, caem para níveis administráveis (Granovetter, 1985; Hamilton & Biggart, 1988; Fountain, 1997).

Capital social e a busca de favorecimento

Apesar do conceito de capital social ter sido mais freqüentemente invocado em relação a formas de cooperação positiva e benéficas, os neoliberais afirmam que o associativismo também pode gerar coalizões que buscam favorecimento para seus membros em detrimento dos não-membros. Os favorecimentos acarretam perdas para o bem-estar econômico em geral. Por exemplo, o comportamento oligopolista em indústrias concentradas para impulsionar preços e lucros para cima; os sindicatos de trabalhadores que usam seu poder de barganha para exigir aumentos salariais maiores que os aumentos de produtividade; e as conspirações entre funcionários públicos e empresas privadas para extrair lucros excessivos dos cofres do Estado (Olsen, 1982; Portes & Landolt, 1996). Numerosas denúncias recentes da extensão do "capitalismo de compadres" (*crony capitalism*) em alguns países asiáticos revelam os custos desse tipo de fenômeno.

Há fortes razões, contudo, para esperar-se um declínio, ao longo do tempo, do papel de coalizões que buscam favorecimento em muitos dos países em desenvolvimento. Pesquisa sugere que as formas de busca de favorecimento envolvendo funcionários públicos são menos disseminadas em regimes democráticos do que em regimes autoritários (Brawley, 1998). A democracia permite maior transparência nos negócios públicos e o livre fluxo de informações. Como resultado, a corrupção é mais facilmente exposta e contida. A democracia também permite que os interesses prejudicados pelo comportamento da busca de favorecimento organizem suas contracoalizões, que passam então a fazer *lobby* contra as políticas públicas que geram favorecimento. A transição democrática em muitos países do Terceiro Mundo reduz, portanto, os níveis gerais de busca de favorecimento.

A globalização é uma segunda força que atua para restringir a busca de favorecimento. Os oligopólios locais vêem suas posições minadas por maior concorrência à medida que a remoção das restrições ao comércio e aos investimentos reduzem as barreiras à entrada (Olsen, 1982).

Finalmente, os favorecimentos freqüentemente surgem como subprodutos da extensa regulamentação governamental e do racionamento de recursos vitais como crédito, moedas fortes ou matérias-primas. À medida que os governos, influenciados pela doutrina neoliberal, removem, por toda parte, os vários controles sobre a vida econômica, esvaem-se as oportunidades para busca de favorecimento.

A organização da sociedade civil

Contudo, o enfoque neoliberal da busca de favorecimento, fenômeno presente em todas as sociedades e que constitui problema grave em algumas delas, serve para lembrar-nos que nem todas as formas de associativismo têm impactos positivos para a sociedade como um todo. Redes criminosas, gangues de rua e grupos étnicos intolerantes se valem de formas do capital social para sustentar-se e satisfazer interesses do grupo. A predominância de formas positivas ou negativas de capital social num caso particular dependerá das características organizacionais da sociedade civil. Não apenas o *grau* de organização da sociedade, mas também seu *caráter* afetam o desempenho econômico. Pesquisa recente sugere as seguintes conclusões:

• Associações horizontais entre parceiros relativamente iguais são mais propícias ao desenvolvimento que associações verticais que congregam atores de poder e *status* desiguais. Estas freqüentemente assumem a forma de redes paternalistas em que indivíduos e grupos em desvantagem ficam dependentes dos favores de atores mais poderosos, que concedem tais favores em troca de apoio político ou de outros tipos. Relações patrão-cliente são tipicamente orientadas pelo *status quo* e raramente acolhem ou toleram inovações (Putnam, 1993). Outros tipos de associações verticais, como as gangues de criminosos, apóiam-se explicitamente na coerção. Tais grupos pouco ou nada produzem e impõem severos custos sociais e econômicos à sociedade.

• Associações relativamente abrangentes têm mais probabilidade de identificar-se com os interesses públicos em geral que os tipos de associações fragmentadas em bases estreitas. Associações abrangentes de trabalho ou capital, por exemplo, são menos tentadas a assumir um comportamento de carona ou de busca de favorecimento porque serão mais diretamente afetadas pelas externalidades negativas que tais comportamentos geram para a economia como um todo. Em níveis mais elevados de agregação, os interesses míopes e autocentrados ficam subordinados aos interesses mais amplos da classe, comunidade, setor ou nação (Olsen, 1982; Swank, 1996).

• As redes sociais abertas a novos participantes têm menor probabilidade de produzir externalidades negativas para outros grupos que aquelas organizadas em torno de formas exclusivas de identidade, como a etnia, por exemplo.

• Comunidades de alta confiança têm grande probabilidade de produzir formas mais densas e produtivas de associativismo que sociedades onde o nível de confiança é baixo. A confiança também influencia a escala potencial dos empreendimentos econômicos. As sociedades onde as relações de confiança não ultrapassam facilmente os limites da família terão dificuldade em passar de firmas familiares de primeira e segunda gerações para formas corporativas mais duradouras, em que a gerência e a propriedade vão além das fronteiras da família fundadora (Fukuyama, 1995).

• As sociedades onde as clivagens sociais são de corte mais transversal, em vez de reforçarem as segmentações, têm maior probabilidade de evitar formas extremas de polarização social e as instabilidades políticas que freqüentemente daí decorrem.

Esses pontos sugerem que a sociedade civil estará mais bem posicionada para desempenhar um papel positivo no processo de desenvolvimento onde houver fortes laços horizontais entre os grupos sociais, onde grupos funcionais estiverem organizados em associações relativamente abrangentes, onde as redes sociais estiverem abertas a novos participantes, onde houver maior cultura de confiança social e onde as clivagens forem de corte transversal. Estes são requisitos bastante severos. Poucas sociedades reunirão integralmente todas essas condições. Muitas apresentarão deficiência em várias ou até em todas as categorias. Tais considerações devem balizar as avaliações um tanto entusiásticas do potencial da sociedade civil para promover o desenvolvimento e o bem-estar. Mas existe potencial para gradualmente orientar a sociedade civil em direções positivas e para criar condições que sejam mais propícias à cooperação social e ao crescimento econômico.

Crítica às perspectivas neoliberal e estatista da sociedade e do desenvolvimento

Essas proposições sobre o papel crucial da sociedade civil no desenvolvimento econômico desafiam as perspectivas existentes. A doutrina neoliberal vê os mercados como mecanismos auto-suficientes de distribuição eficiente de recursos. A crítica neoliberal do associativismo enfatiza os efeitos negativos que as coalizões em busca de benefícios exercem sobre o crescimento econômico. Essa preocupação é válida, mas exagerada. Mais ainda, os neoliberais ignoram os inúmeros e distintos meios pelos quais alguns tipos de redes sociais densas podem produzir resultados econômicos.

Assim como os neoliberais defendem a autonomia do mercado, os estatistas vêem fortes Estados autônomos como os principais fomentadores do desenvolvimento econômico. Uma sociedade forte pode solapar a autonomia do Estado e produzir a ingovernabilidade. Uma vez mais, essa perspectiva não é propriamente errada, mas unilateral e incompleta. Os Estados podem e têm desempenhado papéis essenciais no desenvolvimento econômico. O ideal weberiano de uma burocracia competente, profissional e honesta tem contribuído para tal. Mas os estatistas erram ao presumir que a relação entre Estado e sociedade é de soma zero.

Estados fortes precisam de sociedades fortes, particularmente nos estágios avançados do desenvolvimento econômico. Uma sociedade bem organizada dá ao Estado um *feedback* crucial sobre suas políticas e assegura que haja maior prestação de contas (*accountability*).[2] Redes sociais saudáveis podem multiplicar a eficácia da intervenção do Estado, agindo como suas parceiras no processo de desenvolvimento. Os Estados estão limitados em sua

[2] Danny Unger (1998:169-70) argumenta que "na ausência de interlocutores fora do aparato do Estado em posição de fazer exigências às agências estatais, as autoridades governamentais costumam deslocar as metas, perseguindo seus próprios interesses com referência mínima às necessidades de seus clientes na sociedade".

capacidade de provocar transformações econômicas através de laços verticais, de cima para baixo, com a sociedade. É necessário haver ligações horizontais entre os grupos sociais para difundir as informações e inovações. As teorias estatistas exageram a importância da autonomia do Estado e deixam de explicar as mudanças ao longo do tempo, tanto nas restrições que o Estado enfrenta, quanto na necessidade de concentrar o controle do Estado sobre o processo de desenvolvimento. As seções seguintes exploram as limitações das perspectivas neoliberal e estatista, enfatizando as formas como a sociedade civil pode complementar os papéis dos mercados e dos Estados na promoção do desenvolvimento.

Os limites do neoliberalismo

Após um longo período em que as perspectivas estatistas dominaram o pensamento sobre desenvolvimento, as estratégias neoliberais assumiram, recentemente, o centro do palco. Contudo, um desenvolvimento que repouse quase exclusivamente sobre os mecanismos de mercado é profundamente falho. Sem a mediação de sociedades civis fortes e Estados ativos, os mercados produzem desigualdade, polarização social e instabilidade política crescentes. Mais ainda, os mercados — em particular os mercados financeiros — são dados a oscilações erráticas que são incompatíveis com um desenvolvimento constante nas frágeis sociedades do Sul. Por fim, as condições estruturais de vida no mundo em desenvolvimento freqüentemente produzem grandes fracassos de mercado que só podem ser corrigidos ou compensados por mecanismos alheios ao mercado. Os alertas dados por Karl Polanyi (1944), no início deste século, sobre os perigos da dependência da idéia de mercado "auto-regulado" continuam válidos até hoje.

A Rússia pós-comunista oferece um marcante exemplo de como os mercados em funcionamento dependem de uma sociedade civil saudável. Nas sete décadas de governo comunista, a sociedade civil foi deliberadamente reprimida. O russos tornaram-se dependentes do Estado em praticamente todas as necessidades econômicas e sociais. O colapso do comunismo destruiu esse sistema e produziu esforços no sentido de introduzir os mercados como mecanismos primários de alocação de recursos na nova economia. Os economistas previam que os mercados surgiriam espontaneamente, à medida que diminuísse o controle estatal sobre a atividade econômica. A sinalização dos preços, a concorrência e a motivação do lucro bastariam para redirecionar o comportamento econômico para caminhos mais eficientes e racionais.

Os mercados surgiram, mas foram prejudicados pela ausência de suportes sociais e institucionais cruciais, como por exemplo a regra da lei e os direitos de propriedade. Igualmente nocivas foram a fraqueza da sociedade civil e uma cultura de desconfiança e dependência difundida entre os russos. Na falta de uma sociedade civil forte, forças "incivis" dominaram a vida social e econômica, incluindo redes criminosas e coalizões concentradas em busca de favorecimento (Yavlinsky, 1998). A Rússia enfrenta, portanto, dois problemas: a ausência ou fraqueza de associativismo positivo em boa parte da sociedade e o crescimento de formas negativas de associativismo entre grupos concentrados.

A Polônia oferece um contraste marcante. Lá as reformas de mercado foram mais bem-sucedidas que na Rússia, em parte porque a sociedade civil sofreu menos esgarçamento sob o domínio comunista. A experiência comunista da Polônia durou menos tempo que a da Rússia. Mais ainda, permitiram-se maior independência e margem de manobra à Igreja católica, e empresas privadas de pequeno porte sobreviveram, especialmente na agricultura. Um forte sentimento nacionalista e um generalizado ressentimento contra o domínio externo também contribuíram para a persistência de identidades sociais independentes da ideologia estatal predominante. Finalmente, a transição da Polônia de uma economia centralizada para uma economia de mercado ocorreu após uma década de esforços das bases para construir uma sociedade civil autônoma através da luta do movimento trabalhista Solidariedade. Já na Rússia a transição foi iniciada de cima, por Mikhail Gorbachev, sem o apoio de coalizões sociais fortes.

Esse contraste entre os destinos das reformas de mercado na Rússia e na Polônia serve para ressaltar que o papel de uma sociedade civil saudável não é substituir os mecanismos de mercado, mas ajudar os mercados a terem mais sucesso na produção de bem-estar econômico e social. A sociedade civil fornece a sólida base de confiança, reciprocidade e sociabilidade sem a qual os mercados não podem funcionar com eficácia. O tipo certo de redes sociais reduz os custos de transação e resolve problemas de ação coletiva, compensando os casos em que o mercado falha; e pode também atenuar os resultados às vezes duros, desiguais e injustos da concorrência de mercado.

Os limites do estatismo

Em boa parte do mundo em desenvolvimento, as décadas que se seguiram à II Guerra Mundial trouxeram um novo consenso sobre os papéis adequados para o Estado, a sociedade e o mercado. As doutrinas estatistas então em voga prescreviam Estados fortes e autônomos, sociedades civis dependentes e mercados dirigidos.

Essa fórmula foi ditada em grande parte pelas circunstâncias do desenvolvimento tardio (Gershenkron, 1962). Como países que se desenvolviam tardiamente, os países do Terceiro Mundo tinham um papel subordinado numa economia dominada pelos interesses do Norte. O papel internacional dos Estados do Terceiro Mundo foi renegociar os termos da inserção dos países em desenvolvimento na economia mundial, protegendo suas sociedades de formas mais agressivas de exploração.

Internamente, os Estados fortes do Sul desempenhavam dois papéis. As elites do Estado governavam sociedades nacionais parcamente integradas. Por isso começaram a mobilizar e unir vários grupos sociais em torno de um projeto nacional de rápida industrialização. Os Estados do Terceiro Mundo freqüentemente eram autoritários e experimentaram vários esquemas corporativos de cima para baixo para canalizar as demandas da sociedade através de instituições por eles controladas.

Um segundo desafio doméstico foi compensar a fraqueza ou mesmo a falta de uma classe capitalista dinâmica, modernizadora. Tanto a cultura tradicional quanto os legados coloniais freqüentemente conspiravam contra o surgimento natural de elites comerciais e industriais empreendedoras. Os Estados procuraram compensar essa fraqueza ou assumindo diretamente o papel de coletivo capitalista ou cultivando e promovendo o crescimento de capitalistas locais sob sua proteção. A forma particular de orientação econômica do Estado variou consideravelmente: planejamento econômico abrangente e propriedade direta do Estado no bloco socialista; substituição das importações na América Latina; e alocação estatal do crédito para as indústrias de exportação em expansão no Sudeste asiático.

As fórmulas de desenvolvimento comandado pelo Estado gozaram de considerável sucesso nas décadas de 1950, 60 e 70. As taxas de crescimento econômico e de industrialização ultrapassaram todas as experiências anteriores em muitos países em desenvolvimento e tiveram desempenho melhor que as dos países do Norte em estágios similares de seu desenvolvimento histórico. Contudo, pelas décadas de 1980 e 90, o desenvolvimento comandado pelos Estados havia caído em desgraça, e por toda parte os Estados cederam poder ao mercado.

Na América Latina, o modelo de substituição das importações acarretou graves problemas de débito internacional, levando à estagnação econômica dos anos 1980. Os países do bloco socialista experimentaram estagnação econômica nos anos 1970, seguida de tumulto político no final daquela década e na década de 1990, culminando com a derrubada dos regimes comunistas da Europa. Mesmo governos comunistas politicamente estáveis, como os da China e do Vietnã, adotaram reformas de mercado de longo alcance. Até o admirado modelo desenvolvimentista estatal que elevara o Leste asiático ao *status* de Primeiro Mundo ao longo das últimas décadas enfrentou seu dia de julgamento com a crise financeira asiática no final dos anos 1990.

Em retrospecto, parece que as estratégias estatistas de desenvolvimento, conquanto bem-sucedidas durante algum tempo, foram autolimitantes em dois aspectos: deixaram de promover a transição de desenvolvimento econômico extensivo para intensivo e também contribuíram para o crescimento e o fortalecimento de novos grupos sociais que terminaram por desafiar o papel dominante desempenhado pelo Estado no processo de desenvolvimento.

Um padrão comum à maioria dos esforços de desenvolvimento comandado pelo Estado é seu esgotamento após um surto inicial de crescimento e desenvolvimento. Parece que as estratégias conduzidas pelo Estado são capazes de produzir crescimento extensivo, mas têm grande dificuldade em fazer a transição para crescimento intensivo. O crescimento extensivo se baseia na mobilização de novos insumos para a economia, na forma de taxas de poupança mais elevadas, maior participação da força de trabalho, abertura de novas terras ao cultivo e maior exploração dos recursos naturais. O crescimento dos insumos leva à produção crescente. Embora o desenvolvimento extensivo possa produzir crescimento e elevar o padrão de vida, seu potencial é restrito no longo prazo pelos eventuais limites à mobilização de novos insumos. Num dado momento as taxas de poupança atingem o ponto mais alto possível, a participação da força de trabalho se estabiliza, todas as terras cultiváveis já entraram em produção e os fluxos de recursos chegam a seus limites sustentáveis. A economia estagna, ainda que em níveis de produção mais altos.

Em contrapartida, o desenvolvimento intensivo repousa sobre a descoberta e a implantação de métodos capazes de gerar produção sempre crescente com insumos estáticos. Isso requer contínuo aprimoramento da produtividade e da eficiência. Enquanto o desenvolvimento extensivo tem claros limites, o desenvolvimento intensivo pode, em princípio, continuar indefinidamente.

Estratégias de desenvolvimento comandado pelo Estado parecem ter mais sucesso na obtenção de desenvolvimento extensivo. O Estado pode manipular uma combinação de coerção e incentivos materiais para mobilizar uma crescente participação de recursos sociais no processo de desenvolvimento. Sistemas de decisão centralizada com estrito controle dos fluxos de informação são menos propícios ao desenvolvimento de inovações que promovam eficiência. O desenvolvimento intensivo funciona melhor em sistemas de decisão descentralizada, onde a concorrência entre firmas independentes leva a constante inovação próximo ao local de produção.

Essa é talvez a razão pela qual os pesquisadores verificaram que o desenvolvimento comandado pelo Estado no antigo bloco soviético e em muitos países do Leste asiático dependeu fortemente de padrões extensivos de crescimento (Krugman, 1994). No caso soviético, a economia comandada pelo Estado atingiu o ponto de estagnação e crise quando as oportunidades para crescimento extensivo foram finalmente exauridas e o sistema mostrou-se incapaz de fazer a transição para padrões intensivos de crescimento.

O sucesso na transição de crescimento extensivo para intensivo requer uma disposição para confiar mais nos mecanismos de mercado. A concorrência de mercado é uma força essencial à produção da inovação que aumenta a eficiência, mas o mercado por si só não consegue completar a transição para o desenvolvimento intensivo. As organizações de suporte da sociedade civil também influem. A inovação é freqüentemente produto de parcerias entre indústria, instituições educacionais e agências governamentais. O capital e o trabalho precisam colaborar em termos e condições de inovação, caso se pretenda convencer os trabalhadores a cooperarem com melhorias que aumentem a produtividade. As redes sociais têm de servir como canais para disseminação de informações e idéias.

Em suma, as estratégias de desenvolvimento comandadas pelo Estado são eficazes na obtenção de crescimento extensivo, mas pouco adequadas à promoção de crescimento intensivo. Para que essa transição ocorra com sucesso, os Estados precisam redefinir seus papéis em relação aos mercados e à sociedade. Ligações verticais entre o Estado e as outras forças sociais e instituições precisam ser complementadas com laços horizontais com participantes tanto do mercado quanto da sociedade civil.

Há um segundo aspecto importante em que o desenvolvimento conduzido pelo Estado é um processo autolimitador. Quanto maior for o sucesso dos Estados na promoção da modernização, mais fortes se tornarão as forças sociais liberadas nesse processo. Fora das economias socialistas centralizadas, o desenvolvimento leva à acumulação de recursos econômicos nas mãos de mais e maiores empresas privadas. À medida que crescem, as empresas locais tornam-se menos dependentes do Estado para recursos essenciais como crédito ou informações. As grandes firmas ganham acesso a fontes alternativas de financiamento, como os lucros retidos, os mercados de capital ou a banca internacional. Com o tempo, o setor empresarial como um todo tende a tornar-se mais bem organizado através de associações em nível de indústria e de cúpula (Durand & Silva, 1998). Tais desenvolvimentos acabam por tornar o setor empresarial privado menos sujeito à orientação do Estado e cada vez mais capaz de agir de forma autônoma.

O mesmo é verdade em relação a outras forças sociais. A proletarização do trabalho gera sindicatos maiores e mais poderosos. Uma crescente classe média encontra expressão em associações profissionais e novas formas de organização política. A crescente complexidade da sociedade civil trazida pela modernização faz surgir atores sociais autônomos que se indispõem cada vez mais com as formas estritas de supervisão do Estado. Com o tempo, essas forças freqüentemente se unem em movimentos pela reforma democrática. Paradoxalmente, o Estado forte e modernizador cria as condições que eventualmente irão solapar seu próprio poder e autonomia (Evans, 1995).

De alguma forma, o crescimento da sociedade civil é produto indireto das estratégias bem-sucedidas de modernização. Apesar disso, é tentador para as elites do Estado interpretarem o crescente poder de grupos sociais cada vez mais independentes como ameaça ao poder e à importância do próprio Estado. Isso pode facilmente levar a esforços defensivos de controle da sociedade civil e reafirmação do comando.

O resultado provável de tais movimentos será estagnar os processos naturais de transformação social que servem para promover o desenvolvimento econômico. Durante os estágios iniciais do desenvolvimento, quando a sociedade civil é fraca e desorganizada, a liderança do Estado pode desempenhar um papel necessário na decolagem do crescimento econômico. Em estágio posterior, uma vez que a modernização tenha criado as bases para uma sociedade civil mais forte e mais complexa, o domínio do Estado não só se torna menos necessário, como pode constituir empecilho à continuação do progresso.

O essencial é que as elites do Estado reconheçam que o crescimento da sociedade civil exige uma renegociação e reestruturação das relações entre sociedade e Estado. Esse processo pode forçar o Estado a partilhar o poder em maior medida do que no passado, mas não provoca necessariamente uma perda líquida de capacidade do Estado. Associações produtivas com grupos sociais podem, na verdade, dar ao Estado mais poder para agir com eficácia que as políticas implementadas de cima para baixo.

Embora uma sociedade civil mais organizada possa restringir a autonomia do Estado, especialmente em contextos democráticos, a relação não soma necessariamente zero. Ao sacrificar certo grau de autonomia em relação a atores sociais domésticos, por exemplo, o Estado pode obter maior autonomia no trato com atores internacionais. Restrições políticas fortes no plano doméstico podem, por exemplo, dar às autoridades do Estado maior poder de barganha nas negociações com os bancos dos países do Norte e com as instituições financeiras internacionais sobre os termos da renegociação dos débitos. Nesse "jogo de dois níveis", a habilidade dos negociadores dos países em desenvolvimento em colocar com credibilidade as terríveis conseqüências políticas de concessões unilaterais pode forçar os atores externos a oferecerem melhores termos por receio de que táticas mais duras solapem a autoridade interna dos governos de quem os atores internacionais dependem para implantar qualquer acordo (Putnam, 1988).

É possível cultivar capital social e uma sociedade civil forte?

Se, como argumenta um número crescente de observadores, o capital social é um ingrediente crucial do processo de desenvolvimento, que se pode fazer para fortalecer a sociedade civil nas comunidades e nações em que ela é fraca ou está dividida? A sociedade civil pode ser moldada por um desenho intencional? Ou será a sua organização algo que necessariamente surge de forma orgânica, num processo de desenvolvimento não planejado, de baixo para cima?

A resposta a essas perguntas ainda não está clara. Contudo, quaisquer esforços para capitalizar o potencial latente de contribuição da sociedade civil para o desenvolvimento deverão começar no nível intelectual. As teorias de desenvolvimento precisam reconhecer e explorar os papéis da sociedade civil e do capital social na obtenção de crescimento econômico e bem-estar social. Até recentemente, as teorias existentes não previam tal possibilidade. O trabalho teórico e empírico da última década começou a abrir espaço para tais questões, mas ainda há muito que pensar e pesquisar.

Como notou James Coleman (1988), uma característica distintiva do capital social é que ele freqüentemente assume a forma de um bem público. O capital social gera grandes externalidades positivas. Em muitos casos, os produtores não podem se apropriar integralmente dos benefícios do capital social. Já os detentores do capital natural, físico e humano podem internalizar os ganhos com mais facilidade. O caráter de bem público de grande parte do capital social significa que os incentivos individuais para a adoção dos comportamentos que criam ou sustentam o capital social são relativamente fracos. A tentação de "pegar carona" nas contribuições sociais dos outros é grande. Em conseqüência, há freqüentemente uma subprodução de capital social em relação ao valor das potenciais contribuições para o bem-estar social e o crescimento econômico; ou, onde é abundante, o capital social surge freqüentemente como subproduto de fatores não-econômicos (associações com redes de afinidade, por exemplo). Seu caráter de bem público e a tendência para subproduzi-lo constituem forte razão para que se desenvolvam políticas públicas visando a encorajar, estimular e até subsidiar a formação do capital social.

Uma vez entendido como a sociedade civil e o capital social afetam o desenvolvimento, será preciso imaginar estratégias para pôr em prática essas conclusões. Três agentes potenciais de mudança se apresentam: os Estados, as organizações internacionais e as redes sociais transnacionais. Os governos dos países em desenvolvimento podem buscar parcerias com grupos sociais para, juntos, proverem serviços públicos com mais eficiência.[3] As agências internacionais de desenvolvimento podem alterar as prioridades de seus empréstimos, carreando uma parcela maior dos fundos através de organizações não-governamentais e assegurando maior participação de quem vai recebê-los, tanto no planejamento quanto na implantação. As redes sociais transnacionais podem criar vínculos entre grupos com preocupações similares (Keck & Sikkink, 1998). Isso dará às organizações não-governamentais que fazem parte dessas redes melhores informações e modelos de mudança social de outras partes. As redes sociais transnacionais podem também servir para equilibrar o crescente poder do capital internacionalmente móvel, talvez fortalecendo também a posição de barganha dos Estados no processo.

Para dar um exemplo concreto de intervenção com o objetivo de fortalecer a sociedade civil, o Banco Mundial começou a introduzir conceitos de

[3] Peter Evans (1996b) discute as "sinergias" que se podem obter em tais associações entre público e privado.

capital social no desenho de alguns de seus projetos de empréstimo. O banco realiza atualmente uma pesquisa sobre capital social em 20 países em desenvolvimento, como forma de criar uma base de dados que permita aos pesquisadores testarem várias hipóteses relacionadas com o impacto econômico das variações em capital social. A Iniciativa de Capital Social (Social Capital Initiative) do Banco Mundial apóia pesquisas sobre as ligações entre capital social e desenvolvimento em setores específicos. O banco também apoiou avaliações participativas de pobreza (*participatory poverty assessments*) em mais de 50 países, como forma de avaliar e introduzir níveis de capital social nas sociedades-alvo (World Bank, 2000).

Também será necessário melhorar a teoria, a pesquisa e a experiência antes que possamos avaliar as condições em que a intervenção externa de Estados, organizações internacionais ou redes transnacionais podem efetivamente contribuir para o cultivo de capital social onde ele é fraco ou não existe (Warner, 1999).

Conclusão

Conquanto nem todas as formas de associativismo sejam benéficas, uma parcela cada vez maior da literatura teórica e empírica sugere que alguns tipos de capital social podem contribuir na promoção do crescimento econômico e do bem-estar social. O capital social complementa os papéis que mercados e Estados desempenham na economia, preenchendo importantes hiatos funcionais deixados por essas duas outras importantes instituições sociais.

Estados fortes precisam de sociedades fortes. Falta aos planejadores econômicos e burocratas do Estado o conhecimento das condições locais que geralmente é necessário para o planejamento de intervenções econômicas eficazes. Tal conhecimento local detalhado somente pode ser obtido em parceria com grupos sociais organizados. A sociedade civil organizada também desempenha importante função na monitoração do desempenho do Estado e, especialmente em contextos democráticos, no uso de pressão para melhorar o atendimento, pelo Estado, das necessidades sociais. Estratégias de desenvolvimento comandadas pelo Estado podem até conseguir mobilizar recursos ociosos para o processo de desenvolvimento, mas podem também fracassar na transição para o crescimento intensivo no momento apropriado. O desenvolvimento intensivo alimenta-se de um rico fluxo de informações através de redes horizontais na sociedade civil. À medida que se desenrola o processo de desenvolvimento, as formas de liderança impositiva do Estado, que foram necessárias nos estágios iniciais, vão-se tornando menos necessárias e mesmo contraproducentes quando as empresas e outros atores sociais adquirem maturidade e recursos para agir com maior independência.

Os mercados também têm limitações em sua capacidade de produzir crescimento na ausência de uma sociedade civil forte. Em toda parte, mas particularmente nas sociedades em desenvolvimento, os mercados freqüentemente estão sujeitos a falhas e distorções previsíveis. Outras formas de associativismo que não as de mercado podem corrigir ou compensar essas deficiências fornecendo bens coletivos, reduzindo os custos de transação e facilitando o fluxo de informações. Um bom capital social pode também atenuar alguns dos efeitos colaterais mais duros do comportamento do mercado, tais como a instabilidade e a desigualdade. Redes associativas fortes podem ser uma fonte de seguro social para aqueles que são o lado perdedor da concorrência de mercado.

O debate entre estatistas e neoliberais sobre o caminho apropriado para o desenvolvimento tornou-se inócuo e improdutivo. Conquanto os Estados continuem sendo atores importantes, os dias de desenvolvimento comandado de cima para baixo pelo Estado claramente ficaram para trás. A globalização erodiu a autonomia do Estado pelo lado de fora, enquanto nos países em desenvolvimento a democratização e o fortalecimento da sociedade civil forçam os Estados a redefinirem seus papéis no âmbito doméstico. Mesmo no Leste asiático, o último bastião do Estado desenvolvimentista poderoso, as crises financeiras enfraqueceram o controle estatal.

Apesar de o neoliberalismo estar atualmente em ascensão em muitos países do mundo em desenvolvimento, as estratégias orientadas pelo mercado tenderam a criar divisões agudas entre vencedores e perdedores. No longo prazo, a polarização social resultante é incompatível com a estabilidade política e econômica. Há ampla insatisfação com os resultados das reformas neoliberais, o que promete estimular a contínua busca de caminhos alternativos para o desenvolvimento.

Considerando esse impasse, o recente trabalho sobre o papel da sociedade civil na vida econômica representa uma bem-vinda e revigorante contribuição para os estudos sobre desenvolvimento. Por ora, essa literatura é incipiente. Não temos ainda uma teoria coerente que possa demonstrar a viabilidade de uma "terceira via" para o desenvolvimento. Mas os elementos básicos para se conceber um modelo alternativo parecem estar à mão. Trata-se de buscar uma abordagem do desenvolvimento em bases mais democráticas, uma abordagem que enfatize a construção de uma sociedade civil forte e vigorosa como complemento do Estado e do mercado.

Referências bibliográficas

Brawley, Mark. Rents and regime types. In: Annual Meeting of the International Studies Association. Minneapolis, Minnesota, Mars 17-21, 1998.

Coleman, James. Social capital in the creation of human capital. *American Journal of Sociology, 94*, 1988.

Durand, Francisco & Silva, Eduardo (eds.). *Organized business, economic change and democracy in Latin America*. North-South Center Press, 1998.

Evans, Peter. *Embedded autonomy: states and industrial transformation*. Princeton, Princeton University Press, 1995.

______. Introduction: development strategies across the public-private divide. *World Development, 24*(6):1.033-7, 1996a.

______. Government action, social capital and development: reviewing the evidence for synergy. *World Development, 24*(6):1.119-32. Aug. 1996b.

Fisher, Julie. *Nongovernments: NGOs and political development of the Third World*. Kumarian Press, 1998.

Fountain, Jane. Social capital: a key enabler of innovation in science and technology. In: Branscomb, L. M. & Keller, J. (eds.). *Investing in innovation: toward a consensus strategy for federal technology policy*. Cambridge, MIT Press, 1997.

Fukuyama, Francis. *Trust: the social virtues and the creation of prosperity*. Free Press, 1995.

Gershenkron, Alexander. *Economic backwardness in historical perspective*. Cambridge, Belknap Press of Harvard University Press, 1962.

Granovetter, Mark. Economic action and social structure: the problem of embeddedness. *American Journal of Sociology, 91*(3):481-510, Nov. 1985.

Hamilton, Gary & Biggart, Nicole Woolsey. Market, culture and authority: a comparative analysis of management and organization in the Far East. *American Journal of Sociology, 94*, 1988.

Heller, Patrick. Social capital as a product of class mobilization and state intervention: industrial workers in Kerala, India. *World Development, 24*(6):1.055-71, Aug. 1996.

Huntington, Samuel. *Political order in changing societies*. New Haven, Yale University Press, 1968.

Keck, Margaret & Sikkink, Kathryn. *Activists beyond borders: advocacy networks in international politics*. Ithaca, Cornell University Press, 1998.

Krugman, Paul, The myth of Asia's miracle. *Foreign Affairs, 73*(6), Nov./Dec. 1994.

Lam, Wai Fung. Institutional design of public agencies and co-production: a study of irrigation associations in Taiwan. *World Development, 24*(6), 1996.

Narayan, Deepa & Pritchett, Lant. Cents and sociability: household income and social capital in rural Tanzania. World Bank, July 1997.

Olsen, Mancur, *The rise and decline of nations: economic growth, stagflation, and social rigidities*. New Haven, Yale University Press, 1982.

Piorre, Michael & Sabel, Charles. *The next industrial divide: possibilities for prospertity*. New York, Basic Books, 1984.

Polanyi, Karl. *The great transformation: the political and economic origins of our time*. New York, Farrar and Rinehart, 1944.

Porter, Michael & Takeuchi, Hirotaka. Fixing what really ails Japan. *Foreign Affairs*, May/June 1999.

Portes, Alejandro & Landolt, Patricia. The downside of social capital. *The American Prospect* (26):18-21, May/June 1996.

Putnam, Robert. Diplomacy and domestic politics: the logic of two level games. *International Organization, 42*:427-60, 1988.

______. *Making democracy work: civic traditions in modern Italy*. Princeton, Princeton University Press, 1993a.

______. The prosperous community: social capital and public life. *The American Prospect* (13), Spring 1993b.

______. Bowling alone: America's declining social capital. *Journal of Democracy, 6*(1):65-78, 1995.

Scott, James. *Seeing like a state: how certain schemes to improve the human condition have failed*. New Haven, Yale University Press, 1998.

Swank, Duane. Culture, institutions, and economic growth: theory, recent evidence, and the role of communitarian politics. *American Journal of Political Science, 40*(3):660-79, Aug. 1996.

Unger, Danny. *Building social capital in Thailand: fibers, finance and infrastructure*. Cambridge, Cambridge University Press, 1998.

Uzzi, Brian. Embeddedness in the making of financial capital: how social relations and networks benefit firms seeking financing. *American Sociological Review, 64*:481-505, Aug. 1999.

Warner, Mildred. Social capital construction and the role of the local state. *Rural Sociology, 65*(3):373-93, 1999.

World Bank. *Assessing aid: what works, what doesn't and why*. Oxford, Oxford University Press, 1998.

______. Social Capital Initiative. Website: http://www.worldbank.org/poverty/scapital/scindex.htm. 2000.

Yavlinsky, Gregory. Russia's phony capitalism. *Foreign Affairs*, May/June 1998.

Comentários

Maria Regina Soares de Lima[*]

O debate entre neoliberais e estatistas com relação à melhor estratégia para o desenvolvimento tem demonstrado ser de utilidade decrescente. As receitas — dogmáticas — de ambos geraram polarização social e crise financeira. Nesse contexto de crise de projeto e de realização, a construção de uma "terceira via" de desenvolvimento aparece como alternativa e solução naturais aos impasses teóricos e práticos das estratégias puras de mercado e Estado. Tal como nos anos 1950 e 60, quando o otimismo das elites governamentais e dos teóricos do desenvolvimento gerou o modelo de progresso por desconto, assentado numa lógica assimétrica da condição *coeteris paribus* nos países do Primeiro e do Terceiro Mundos, a alternativa sociedade civil/ capital social emerge, na década de 1990, como o novo demiurgo da utopia do desenvolvimento.[1] A despeito da construção circunstanciada do argumento teórico e da apresentação de resultados empíricos de pesquisas recentes sobre a relação positiva entre associativismo e desempenho econômico, o trabalho de David Skidmore, "Sociedade civil, capital social e desenvolvimento econômico", não se afasta muito desse viés otimista.

Estimuladas pelo competente trabalho de Skidmore, minhas observações não se dirigem apenas a esse texto específico, mas à tarefa intelectual de gerar alternativas na sociedade às duas estratégias clássicas do mercado e do Estado. Meus comentários não objetivam a defesa de nenhuma dessas duas estratégias, e sim, acompanhando a escolha argumentativa do autor que problematizou a via estatista e a neoliberal, colocar também em discussão a "terceira via".

De modo geral, os trabalhos que buscam uma definição conceitual de sociedade civil — e o de Skidmore não é exceção — apontam dois elementos como definidores do conceito: a associação entre indivíduos (e, nesse sentido, sociedade civil tem como referência "as formas variadas de organização social existentes entre indivíduos e Estado") e a menção à sociabilidade

---

[*] Professora de ciência política do Instituto Universitário de Pesquisas do Rio de Janeiro (Iuperj) e do Instituto de Relações Internacionais da Pontifícia Universidade Católica do Rio de Janeiro (PUC-Rio).

[1] Para a análise da lógica do modelo de progresso por desconto, ver Santos, 1992:129-40.

que está referida às relações de confiança, cooperação mútua e reciprocidade difusa, entre outros atributos, a comandar as relações sociais.[2] É curioso que o uso corrente do conceito de sociedade civil combine elementos tão díspares, a julgar pela importância da simpatia na teoria moral de Adam Smith, no sentido de compaixão, benevolência e *fairness*, e pelo repúdio unânime entre economistas neoclássicos à organização em cartéis dos interesses capitalistas nos mercados oligopólicos.

Na ciência política norte-americana, até pelo menos o aparecimento do livro *The logic of collective action*, de Mancur Olson Jr. (1968), a vinculação entre associativismo, no sentido da dinâmica pluralista da formação de grupos de interesse, e o substrato comportamental/cultural ligado à idéia de solidariedade era dada por certa. Uma certa cultura política participativa estava relacionada ao pertencimento a grupos e organizações voluntárias. Aquele autor não apenas apontou o problema crucial de se iniciar a ação coletiva de atores com interesses comuns, como também, em livro posterior (1982), mostrou o que ocorre do ponto de vista dos interesses coletivos da sociedade, uma vez que grupos específicos resolvem seu problema inicial de ação coletiva e se organizam em "coalizões distributivas". É curioso que, depois de Olson, a lógica da ação coletiva tenha-se tornado uma das principais questões analíticas da ciência política, a ponto de o "dilema do prisioneiro", uma das manifestações daquele problema, ter sido encarado por Elster como o principal desafio da política e a busca de uma solução cooperativa ter estimulado, desde então, um profícuo programa de pesquisa. Na economia, ao contrário, o desafio sempre foi como evitar a ação coletiva dos capitalistas e manter o mercado livre, competitivo. Assim, quanto menos cooperação entre os agentes econômicos, maiores os benefícios para a sociedade. Essa diferença de tratamento conceitual da sociedade civil é responsável pela tendência, apontada no trabalho de Skidmore, de uma avaliação eminentemente negativa entre economistas neoclássicos, e pela visão positiva do associativismo encontrada entre sociólogos e cientistas políticos.

O conceito de "capital social" elimina, em parte, a ambigüidade antes apontada, na medida em que está referenciado a características solidárias da cultura política, e não especificamente à organização social de grupos deter-

---

[2] Na literatura corrente, mencione-se o trabalho de Robert Putnam (1993) como claramente referenciado a esse segundo elemento de sociedade civil, derivando-se dessa escolha o conceito de "capital social".

minados. Contudo, a julgar pelos exemplos empíricos fornecidos pelo trabalho, a dificuldade com esse conceito é sua operacionalização, que inclui formas diversas de redes sociais, organizações *grass roots*, culturas comunitárias, entre outros. Novamente, o pressuposto é que todas essas formas de organização da sociedade exibem o necessário componente de solidariedade que, numa linguagem anátema à estirpe culturalista de seus proponentes, significa preferências interdependentes, altruístas, em oposição às preferências independentes, egoístas, que informam a sua formação no caso de atores racionais e maximizadores, gerando tanto o problema de ação coletiva quanto o "dilema do prisioneiro".[3]

O autor é sensível a essa ambigüidade do conceito, uma vez que enfrenta a crítica neoliberal ao associativismo. Do seu ponto de vista, não é apenas o *grau* de associativismo (organização societal) que está relacionado positivamente ao desempenho econômico, mas a *natureza* da sociedade civil que contribui para que diferentes tipos de organização social gerem formas positivas de capital social. Porém, as características da sociedade civil necessárias ao seu papel positivo no processo de desenvolvimento são tão demandantes que o próprio autor reconhece que poucas sociedades exibirão todas essas qualidades simultaneamente. Skidmore é otimista no sentido de afirmar que existe potencial para transformar gradualmente a sociedade civil na direção da cooperação social e do crescimento econômico. Contudo, como o trabalho não aponta quais são os mecanismos transformadores, o argumento retorna à imprecisão conceitual inicial.

O conceito de capital social encerra um outro problema que contribui, a meu ver, para a dificuldade teórica na construção de seus indicadores empíricos. Na concepção original de Putnam, capital social é uma propriedade coletiva da organização social, referida a componentes tais como a confiança, a cooperação e a solidariedade presentes na cultura política, os quais contribuem para aumentar a eficiência da sociedade ao facilitarem ações coordenadas. A confiança social emerge de duas fontes relacionadas: normas de reciprocidade e redes de engajamento cívico. A definição daquele autor busca superar a disjuntiva desenho institucional-cultura política na explicação do desempenho da democracia, núcleo do programa de pesquisa da teoria democrática desde Mill e Tocqueville.

---

[3] Para a relação entre simpatia em Adam Smith e a noção de preferências (altruístas) interdependentes, ver Wilson, 1976.

A definição de capital social combinando instituições e cultura política não esclarece, contudo, qual lógica de ação social vincula instituição e comportamento; nos termos de March e Olsen, se a das "conseqüências esperadas" ou a do "comportamento apropriado".[4] Ao não se especificar qual das duas lógicas de ação vincula normas, associações e redes sociais e ação, a operacionalização do conceito de capital social gera a imprecisão metodológica que se reflete nas pesquisas empíricas e no texto em pauta.

Dessa forma, ao enumerar as principais trajetórias pelas quais as redes sociais contribuem para o desenvolvimento econômico — a redução dos custos de transação via crescimento da confiança social e forte tradição de reciprocidade; o aumento dos níveis de inovação coletiva e de *risk-taking*; a disseminação da informação e a diminuição da assimetria de informação entre agentes econômicos; e a solução facilitada dos problemas de ação coletiva pela redução do medo da não-cooperação dos "caronas" —, a lógica da ação implícita é claramente a das conseqüências esperadas. Capital social funciona como indutor de ações solidárias e cooperativas. O texto não esclarece, porém, a opção metodológica. Contudo, ao insistir numa determinada qualidade normativa da sociedade civil, o autor está implicitamente adotando a lógica do comportamento apropriado, além de não conferir maior importância ao papel das instituições e às regras do jogo no balizamento das interações sociais. O mesmo problema se manifesta na discussão sobre democracia e *rent seeking*. O que permite neutralizar as coalizões distributivas: a existência de instituições políticas que garantam maiores graus de controle e *accountability*; maior transparência nos negócios públicos; a organização dos interesses afetados ou, ao contrário, a existência de uma sociedade civil com características organizacionais geradoras de formas de capital social positivo? Observe-se que não estou argumentando contrariamente a que se utilize as duas lógicas de ação na mesma investigação, e sim que se deve ter claro qual delas preside a operacionalização dos conceitos e a construção dos indicadores empíricos.

Afinal, se os mesmos efeitos cooperativos podem ser obtidos quer pela existência de atores solidários, com preferências altruístas, quer por desenhos institucionais que ajudem a superar os obstáculos à ação coletiva, qual a van-

[4] A partir da lógica das "conseqüências esperadas", a ação e os resultados políticos são tomados como produto do comportamento racional de agentes maximizadores. Na lógica do "comportamento apropriado", a ação política é fruto de regras, papéis e identidades que estipulam o comportamento apropriado numa dada situação. Ver March & Olsen, 1989.

tagem analítica do uso de um conceito tão amplo como sociedade civil?[5] Aparentemente, a expressão padece do mesmo problema que outros termos semelhantes, como governabilidade, por exemplo: são amplos e pouco específicos, com grande apelo retórico e baixo grau de precisão analítica. O oposto verifica-se nas definições bem mais precisas de seus competidores teóricos. O analista pode não só discriminar diferentes tipos de mercado (competitivo/oligopólico) e de Estado (rico/pobre; poderoso/fraco), mas também especificar seus respectivos efeitos positivos e negativos na interação social. Assim, por exemplo, pode-se argumentar que o Estado tem capacidade de resolver dilemas de ação coletiva, de coordenar, de impor custos, de modificar o *status quo*, enfim, capacidades que derivam dos recursos da autoridade que detém, mas que, simultaneamente, em vista de seu monopólio da violência, podem levar ao despotismo e à tirania e usurpar seus poderes originários. Assim como o mercado pode ser um agente corrosivo de situações de poder cristalizadas, pode também gerar desigualdades na distribuição da riqueza social, sendo incapaz, por si só, de corrigir desequilíbrios e desigualdades presentes nas relações sociais. No caso da sociedade civil, ainda que se possa apontar para formas positivas e negativas de capital social, os requisitos necessários para a obtenção das modalidades positivas são tão demandantes e difíceis de serem obtidos que é lícito perguntar se alguma sociedade experimentou, de fato, tais condições e mesmo se os casos bem-sucedidos de crescimento sustentado contaram com esses fatores extremamente favoráveis com respeito à organização social.

Essas observações me conduzem a duas outras questões mais de fundo, concernentes à relação entre sociedade civil e desenvolvimento econômico. A primeira delas tem a ver com a relação micro-macro e pode ser assim postulada: todos os exemplos bem-sucedidos de efeitos positivos de redes e capital social se dão no plano local. Contudo, desenvolvimento implica processos de transformação macro, de coordenação macroestrutural. Portanto, a questão relevante é: como passar do micro ao macro, como se generalizam as ilhas locais de solidariedade social? O outro problema diz respeito à natureza pouco política das abordagens centradas no capital social. Não apenas esses

[5] Os seguintes princípios de desenho institucional são arrolados na literatura neo-institucionalista como indutores de comportamentos cooperativos: organizações com fronteiras claramente definidas; participação dos atores afetados na definição das regras; existência de sanções aos violadores das normas cooperativas; e existência de mecanismos de baixo custo para a solução de conflitos.

estudos costumam não dar ênfase ao papel das instituições, como têm por base uma visão da política como atividade cooperativa, voltada para a produção de benefícios para a comunidade. A consideração do desenvolvimento como um problema de ação coletiva acaba por ocultar a natureza distributiva desse processo e sua característica não propriamente de um jogo não-cooperativo, de soma variável, mas de um jogo de soma zero. Do ponto de vista histórico, a solução pretérita de determinados conflitos distributivos parece ter sido crucial para uma trajetória posterior virtuosa de desenvolvimento econômico. Não apenas se observou uma relação dialética entre estratégias coercitivas e extrativas na construção dos Estados nacionais originários, como também a solução dos problemas gerados pela excessiva concentração da propriedade fundiária e pelo conservadorismo agrário, mesmo que por meio da expropriação, foi condição necessária para uma via democrática no futuro.[6] Novamente, como podem soluções no nível local ser duplicadas com sucesso no nível nacional em situações que envolvem sérios conflitos redistributivos?

No início deste comentário, ressaltei um certo viés otimista na crença das virtudes da sociedade civil como uma síntese dialética da oposição mercado-Estado. Parte desse otimismo deriva da descrença nas soluções únicas, quer pela via do mercado, quer pela via do Estado, em especial pelo alegado fracasso dessas soluções quando tentadas nos países retardatários. Como, à exceção do caso inglês, originário, todos os demais foram politizados, os exemplos empíricos existentes praticamente se restringem ao modelo estatista. É curioso que a discussão dos limites desse modelo praticamente se atenha aos fatores endógenos responsáveis pela sua exaustão e, em última análise, impute às "escolhas erradas" feitas no passado pelos governantes dos Estados retardatários suas falhas no presente. A globalização, quando mencionada, é sempre no sentido positivo de dissolver coalizões distributivas protegidas, no passado, da competição internacional pelo modelo econômico hoje em declínio.

Curiosamente, do ponto de vista analítico, é como se a discussão tivesse regredido algumas décadas, antes da publicação do clássico *Nation-building and citizenship*, de Bendix (1964), que, naquele momento, desafiou as explicações lineares e evolucionárias dominantes na teoria da modernização então em voga. A partir dessa contribuição, a sociologia histórica se firmaria como um campo de investigação próprio sobre os processos de construção dos

[6] Refiro-me às já clássicas contribuições de Tilly (1996) e Moore Jr. (1966).

Estados nacionais e sobre os caminhos que levaram ao desfecho de democracia e desenvolvimento em alguns poucos casos nacionais. Para além das contribuições substantivas dessa literatura, duas me parecem extremamente relevantes: por um lado, ter demonstrado que o processo de construção dos Estados nacionais originais se deu em condições muito peculiares e dificilmente reprodutíveis em outros casos posteriores; por outro, ter chamado a atenção para o fator crucial do *timing* do início do processo de mudança como elemento significativo na definição das trajetórias futuras abertas a esses mesmos países. Em certo sentido, a teoria da dependência confirmaria esses *insights* ao insistir na especificidade do desenvolvimento capitalista na periferia e na inserção histórica desses países na divisão internacional do trabalho como condicionante de seu desenvolvimento futuro. Tanto a sociologia histórica quanto a teoria da dependência tinham como alvo de crítica a esperada reprodução, para as demais experiências nacionais, da experiência inglesa, considerada tanto pelas teorias liberais da modernização quanto pelas marxistas como modelo de desenvolvimento generalizável ao chamado Terceiro Mundo. O retorno da abordagem pluralista, transmudada em sociedade civil, parece-me um regresso teórico, depois das relevantes contribuições, tanto da sociologia histórica quanto da teoria da dependência, para o entendimento do processo de construção dos Estados nacionais.

Referências bibliográficas

Bendix, Reinhard. *Nation-building and citizenship: studies of our changing social order*. New York, Wiley, 1964.

March, James & Olsen, Johan. *Rediscovering institutions: the organizational basis of politics*. New York, Free Press, 1989.

Moore Jr., Barrington. *Social origins of dictatorship and democracy*. Boston, Beacon, 1966.

Olson Jr., Mancur. *The logic of collective action*. New York, Schocken Books, 1968.

______. *The rise and decline of nations*. New Haven, Yale University Press, 1982.

Putnam, Robert. *Making democracy work: civic traditions in modern Italy*, Princeton, Princeton University Press, 1993.

Santos, Wanderley Guilherme dos. *Razões da desordem*. Rio de Janeiro, Rocco, 1992.

Tilly, Charles. *Coerção, capital e Estados europeus*. São Paulo, Edusp, 1996.

Wilson, Thomas. Sympathy and self-interest. In: Wilson, Thomas & Skinner, Andrew S. (eds.). *The market and the State*. Oxford, Oxford University Press, 1976.

Capítulo 5

A mídia e a esfera pública*

*Nicholas Garnham***

> "Costumamos dizer que, ainda que uma autoridade maior possa privar-nos da liberdade de *falar* ou de *escrever*, não pode privar-nos da liberdade de *pensar*. Mas quanto e quão acertadamente *pensaríamos* se não pensássemos, por assim dizer, em comunhão com os outros a quem *comunicamos* nossos pensamentos e que nos comunicam os seus! Podemos concluir, portanto, que as mesmas restrições externas que privam as pessoas da liberdade de *comunicar* seus pensamentos em público também restringem sua liberdade de *pensar*, o único tesouro que nos resta em meio a todas as atribulações da vida civil e que nos oferece o único meio de sobrepujar os males desta condição."
>
> Kant. *O que é orientação em pensamento*

Examinar as perspectivas da esfera pública é examinar as perspectivas da democracia. No cerne da teoria e da prática da democracia está a comunicação pública: para que a democracia tenha sentido, todos os cidadãos devem ter um direito igual não apenas de votar ocasionalmente neste ou naquele conjunto de governantes, mas também de chegar, através do debate informado, a conclusões compartilhadas quanto aos meios e aos fins da política pública e da ação dos políticos. Essa é a única maneira de cobrar a responsabilidade dos governantes por suas ações passadas e de orientar suas ações futuras. É à solução desse problema que se dedica a teoria da esfera pública.

Utilizo propositalmente a expressão comunicação pública, em vez de "mídia", entre outras razões porque o uso do termo mídia exclui normalmente o sistema educacional — sistema que desempenha um papel estratégico absolutamente fundamental dentro da estrutura de comunicações públicas em todas as sociedades modernas. Contudo, usar a expressão esfera pública

---

* Tradução: Paulo Martins Garchet.

** Professor de estudos de mídia da Universidade de Westminster (Reino Unido).

para descrever e analisar as instituições e práticas de comunicação pública é abordar as perspectivas da democracia de um ponto de vista específico, enfocando um conjunto particular de problemas. Meu objetivo principal aqui é esclarecer o que constitui, em minha opinião, esse conjunto de problemas e como as tendências atuais podem afetar nossa avaliação deles.

Há duas questões fundamentais no âmago dos debates atuais em torno da democracia e da esfera pública. Em primeiro lugar, quais são as implicações da tendência de globalização para o futuro do Estado-nação como foco central das políticas democráticas? Estará o Estado-nação sendo particularmente minado pelos movimentos do capital global, de tal modo que as decisões fundamentais que governam as vidas dos indivíduos estejam, cada vez mais, sendo tomadas por elites econômicas internacionais que não prestam contas de seus atos? Caso isso seja verdade, será possível desenvolver instituições globais de governo que tenham de prestar contas a esferas públicas globais?

Em segundo lugar, quais as implicações, para a comunicação pública, do desenvolvimento da chamada — erroneamente em minha opinião — sociedade da informação, hoje simbolizada, de modo geral, pelo crescimento da Internet? Esses desenvolvimentos nas comunicações podem ser vistos de duas maneiras opostas: alguns argumentam que estão tornando global a comunicação e abrindo gradualmente a todos o acesso às informações, com conseqüências, de modo geral, politicamente democráticas e culturalmente pluralistas; outros pensam que se trata de uma implantação cada vez mais profunda de um sistema de comando e controle para a elite global e da propagação de uma cultura de massa homogênea e manipuladora.

Essas são as questões que desejo examinar aqui, na perspectiva da teoria da esfera pública. Pretendo argumentar que, embora não se possa negar que uma combinação de desenvolvimentos técnicos e socioeconômicos rearticulou a estrutura e modificou as condições de acesso e uso dos canais de comunicação social, não foram alteradas as questões fundamentais levantadas pela relação entre comunicação pública e democracia e às quais nos remete o conceito de esfera pública.

O impacto da imprensa nos primórdios da Europa moderna é freqüentemente lembrado como modelo para as implicações sociopolíticas da sociedade da informação. Assim sendo, é importante enfatizar que essa experiência histórica nos ensina que tais cenários alternativos não são uma questão de "isto ou aquilo": a imprensa contribuiu não só para a centralização do efetivo poder político e econômico dentro dos Estados-nações burocráticos baseados em mercados nacionais, mas também, e ao mesmo tempo, para a extensão dos direitos democráticos dentro desses Estados. E talvez valha também a pena ressaltar que a criação desse sistema de Estado-nação envolveu o solapamento e declínio de um poder global de informações então existente: a Igreja católica.

Para abordar a questão do papel da esfera pública precisamos ter claro o sentido que damos a essa expressão. E aqui desejo sugerir que, embora esfera pública seja hoje um conceito em voga que indubitavelmente serviu a um propósito útil no pensamento crítico a respeito da relação entre desenvolvimentos econômicos no setor de informações e a manutenção ou desenvolvimento de políticas democráticas, o modo pelo qual a expressão é hoje empregada freqüentemente turva, em vez de esclarecer, as questões em jogo. Em particular, desejo argumentar que o uso da expressão esfera pública mobiliza uma gama de visões conflitantes sobre a natureza da divisão entre o público e o privado e sobre as avaliações normativas relativas dessas duas esferas; que as sociedades contemporâneas e suas comunidades politicamente organizadas (*polities*) estão sendo cada vez mais dilaceradas por uma série cambiante de disputas de fronteira entre o público e o privado e por uma profunda confusão normativa em torno delas; que é em torno dessa divisão e de nossas diversas posições normativas em relação a ela que giram muitas das disputas sobre política de regulamentação. Para deixar claro o que penso ser o verdadeiro objeto dessas disputas, o que, em suma, está em jogo, creio que será necessário visitar áreas da teoria política e social com as quais muitos talvez não estejam familiarizados.

Como é amplamente sabido, o conceito de esfera pública foi introduzido na sociologia e na filosofia política por Jürgen Habermas. Habermas definiu esfera pública como um conjunto interligado de instituições e práticas retóricas. Essa natureza dual da esfera pública é importante porém freqüentemente desprezada. Voltarei, em particular, aos problemas levantados pelas condições retóricas ou discursivas de uma esfera pública, mas neste ponto desejo apenas enfatizar que, se virmos o acesso eqüitativo à esfera pública, ou a esferas públicas, como um direito inerente e fundamental de todos os cidadãos numa democracia amadurecida, não será necessário apenas garantir o acesso aos meios físicos de comunicação, como a Internet, ou ao serviço de radiotelefonia universal. Será necessário também o acesso ao capital cultural, principalmente através da educação, que, por sua vez, dá acesso aos códigos apropriados do discurso racional.

Para Habermas, essa esfera pública distingue-se, de um lado, da sociedade civil — especialmente do mercado, onde, segundo Hegel, os homens perseguem seus interesses privados — porque, embora seja a economia privada que fornece os recursos para a esfera pública, nesta o propósito da ação é a busca do bem público comum. De outro lado, distingue-se do Estado porque é nela que os cidadãos cobram a responsabilidade daquele. Como bem se sabe hoje, Habermas seguia argumentando que uma crise de legitimidade democrática assolava o mundo moderno porque, espremida entre o mercado e o Estado, a esfera pública havia sido eliminada: de um lado, através da mercantilização da informação e da opinião, o mercado dominara cada vez mais as instituições e práticas das comunicações públicas, voltadas para a venda num mercado de consumo de massa; de outro, o Estado nela intervia progressivamente com seu poder econômico — ironicamente atendendo a pressões políticas vindas de baixo — e manipulava a opinião pública. Por exemplo, nos países economicamente desenvolvidos e liberais-democráticos, o Estado é cada vez mais o principal comprador de espaço publicitário.

É fácil, creio, entender por que a abordagem da esfera pública era atraente: contra o pano de fundo do afastamento do marxismo associado ao colapso do "socialismo real existente", ela apresentava uma alternativa às teorias de ideologia dominante, ou hegemonia, como explicação para a coincidência, nas então chamadas "democracias burguesas", de crescente desigualdade social e apatia política, por um lado, com a relativa estabilidade e a natureza cada vez mais consensual e não-ideológica das políticas dos partidos representativos, por outro. Sua ênfase nas práticas discursivas e na ação comunicativa como elementos centrais da prática e da legitimação democráticas combinava bem com a mudança para um "enfoque lingüístico" que se verificava nas ciências humanas e sociais e com o crescimento do que Nancy Fraser chamou de políticas de reconhecimento.

Paralelamente, o uso de uma metáfora espacial — esfera — e a ênfase nos fundamentos institucionais necessários à realização dos direitos dos cidadãos à livre expressão, centrais na teoria democrática, tratam não só dos problemas que se percebem nas democracias maduras — e que estão ligados à crescente concentração e comercialização da mídia, a políticas plebiscitárias cada vez mais saturadas de mídia e dominadas por relações públicas, manipulação de imagem e marketing político, bem como ao cinismo e apatia políticos daí decorrentes —, mas também do problema da construção de instituições e práticas democráticas, tanto no nível do Estado quanto da sociedade civil, nos países recém-democratizados, com pouca ou nenhuma tradição democrática de que se possam valer.

Haurindo a herança kantiana que liga liberdade a uma autonomia pessoal baseada no exercício da razão pública, Habermas e seus seguidores enfatizaram o papel da esfera pública como local onde a formação da opinião pública e a vontade política que dela deriva e por ela se legitima ficam sujeitas à disciplina de um discurso — ou éticas comunicativas — pela qual todos os pontos de vista são submetidos ao raciocínio crítico de outros. Uma esfera pública democraticamente legítima exige, ao mesmo tempo, que seu acesso seja igualmente franqueado a todos os cidadãos e a todos os pontos de vista, apenas sob a condição de que todos os participantes se pautem pela busca de um consenso geral. Aplica-se então esse modelo genérico como um padrão normativo por meio do qual se pode julgar o desempenho da mídia contemporânea no tocante a efeitos políticos e potencial democrático, à racionalidade de seu discurso e à largueza de visão dos interlocutores que a ela tiveram acesso.

Essa visão de esfera pública tem sido criticada com base em três pontos principais. Primeiro, porque suas regras de procedimento são excessivamente racionalistas, argumentando-se que o uso persuasivo da retórica não pode ser excluído da esfera pública — nem jamais o deveria ser — e que impor tais normas discursivas exclui da esfera pública, na prática, por ilegítimos, não apenas uma gama de formas discursivas culturalmente específicas, mas também todos os que não possuem o capital cultural necessário para mobilizar as formas discursivas aceitas.

Vemos aqui a crítica de que, primeiro, o modelo de racionalismo normativo que está sendo instalado é, na verdade, o modelo de uma certa prática intelectual e portanto exclui — num movimento de violência simbólica — os que não são membros do grupo social que sustenta tal prática, sejam eles concebidos como intelectuais ou como a burguesia masculina branca. Privilegia-se assim certo gênero de mídia, especialmente com a premissa de que os noticiários e a cobertura política aberta são "sérios", o que faz com que sua ausência seja vista como um "emburrecimento" ou "refeudalização" em favor do entretenimento e seu papel na formação do público como local de desenvolvimento de um entendimento das questões de importância pública ou, à Bakhtin, da subversão carnavalesca das normas e hierarquias impostas de significados.

Segundo, que o modelo da esfera pública de racionalidade normativa distingue entre o público e o privado de uma maneira que exclui tanto grupos essenciais de cidadãos, como as mulheres, por exemplo, quanto questões fundamentais de potencial interesse político público, como a regulação das relações domésticas, intrafamiliares ou sexuais. Terceiro, que tem valorizado o consenso em torno de um conjunto de valores ou normas universais, independentemente de quão discursiva e reacionalmente se tenha chegado a ele, valores que, argumentam os críticos, derivam por sua vez de um modelo liberal de normativismo, direitos individuais abstratos e neutralidade ética que privilegia antes o justo do que o bom, negando assim a diferença e a conseqüente inevitabilidade de perpétuo conflito normativo dentro das sociedades modernas. Isso, por sua vez, alegam os críticos, leva a um modelo excessivamente centralizado da esfera pública, incompatível com as políticas de identidade em sociedades multiculturais, enquanto o que se precisaria é de um modelo de múltiplas esferas públicas onde se expressem todas as distintas identidades coletivas e culturais e os diversos modos de vida.

No presente trabalho, desejo examinar essas questões na ótica da distinção entre público e privado. Está claro que o uso do conceito de esfera pública mobiliza essa distinção, e os críticos da posição de Habermas e seus seguidores chamam a atenção, acertadamente, para as maneiras como isso opera tanto normativa quanto enganadoramente; para o modo como a conceituação da fronteira entre público e privado deslocou-se historicamente; e para os modos como essa fronteira foi manipulada visando a excluir certos temas para o debate e para a ação, bem como certos atores sociais de uma participação legítima na arena pública. O principal argumento aqui é que só podemos esclarecer o que está em jogo nesses argumentos — do que os protagonistas estão realmente falando — se formos além dessa distinção aparentemente simples e começarmos a desenrolar a gama de significados, tanto descritivos quanto normativos, que esses termos mobilizam e as diversas tradições intelectuais, ou linhas de pensamento e problemas correlatos, de onde são tirados esses diversos significados.

Nos debates atuais sobre mídia, de modo particular, os conceitos de público e de privado como seu oposto são manipulados de três maneiras: primeiro, em torno do conceito de esfera pública num debate institucional genérico sobre a prática política democrática em geral; segundo, num debate sobre o conteúdo e a prática da mídia de massa que enfoca questões de privacidade; terceiro, em debates sobre a regulamentação da mídia que, em face da convergência tecnológica e do crescimento da Internet, giram em torno da distinção entre os direitos e obrigações envolvidos nas comunicações públicas e privadas, respectivamente. Há, em cada caso, duas questões em jogo: onde devemos traçar a fronteira entre o público e o privado, tanto genericamente quanto dentro de esferas específicas de ação social, o que, por sua vez, depende de como escolhemos distinguir o público do privado; e que avaliação normativa relativa devemos atribuir a cada esfera — vale dizer, se vemos, por exemplo, a esfera privada como um espaço a ser protegido da apropriação e dominação da esfera pública ou se, ao contrário, consideramos esta última como um espaço de valores sociais compartilhados mais elevados, que devem ser incentivados a expensas dos egoístas e corrompedores interesses privados. Como as fronteiras e as avaliações relativas são, na verdade, manipuladas de maneira confusa, cambiante e freqüentemente contraditória para análise intelectual e debates políticos, creio ser necessário buscar as raízes dessas distinções e avaliações para esclarecer suas conseqüências.

O debate sobre a validade e a utilidade do conceito de esfera pública usa a distinção entre público e privado de duas formas referentes a dois atributos distintivos da esfera pública: um epistemológico e outro institucional. Classicamente, por exemplo, a esfera pública é definida na obra de Habermas como pública em dois sentidos: porque as opiniões, "verdades" ou acordos aí formados têm de ser validados por argumentos apresentados e questionados publicamente, e porque é uma esfera igualmente aberta a todos os cidadãos. A razão da importância dessa distinção é que os defensores de posições divergentes no debate em torno da esfera pública podem enfatizar um ou outro, e os dois conjuntos de valores podem estar em conflito. Assim, os que enfatizam o lado do discurso da ética comunicativa ressaltarão a importância de padrões públicos de argumentação — de uma forma determinada de retórica racional baseada em normas —, mas ao fazê-lo excluem, implícita ou explicitamente, aqueles que não estão preparados ou que são incapazes de respeitar essas regras de retórica. É com base nisso, por exemplo, que uma das formas da crítica feminista à abordagem de esfera pública foi montada com o argumento de que a forma de discurso considerada apropriada para debate público e formação de opinião é inerentemente masculina.

De modo similar, os debates sobre a avaliação das implicações políticas dos programas de entrevista, do chamado "emburrecimento" ou tabloidização das notícias e informes políticos, tanto na imprensa quanto no rádio e na televisão, provocaram, em parte, uma divergência entre os que enfatizam a natureza emocional e populista do discurso, considerando-a perigosamente anti-racional e antidemocrática, e os que enfatizam a natureza democraticamente positiva do maior acesso das pessoas "comuns" a áreas de debate público antes dominadas por elites políticas e intelectuais.

É fácil perceber como os defensores de uma abordagem de ética de discurso podem ser, no mínimo, cegos às maneiras pelas quais as incapacidades culturais socialmente criadas — como aquelas extensamente analisadas por Bourdieu — criam barreiras ao completo e efetivo acesso à esfera pública, e, no máximo, levados à defesa elitista do comando de especialistas. Por outro lado, uma ênfase no acesso pode facilmente levar à defesa do populismo demagógico e à opinião de que a redução de barreiras materiais ou culturais ao acesso é, por si só, democrática — o tipo de argumento que é tão facilmente manipulado pelos Murdochs* deste mundo em defesa de seus interesses e práticas comerciais contra os intelectuais e políticos que desejam regulamentar a mídia no interesse público.

O debate sobre privacidade, em particular, e sobre a ética da mídia, mais genericamente, está hoje em toda parte. É essencialmente um debate sobre que pessoas e que temas de discussão devem ser objeto legítimo de cobertura da mídia e, assim, de exposição ou exibição pública. Essa questão foi acirrada recentemente pelo pânico moral que cercou o papel dos *paparazzi* na morte da princesa Diana e pelo chamado "*zippergate*" nos Estados Unidos, episódios que levantaram, fundamentalmente, um questionamento sobre que áreas de comportamento não seriam objetos apropriados para os holofotes da "publicidade" e sobre qual a relação entre o comportamento sexual "privado" do presidente (Clinton) e o desempenho de suas obrigações políticas "públicas". No Reino Unido, discutem-se atualmente questões similares em torno do "*outing*", isto é, a divulgação de preferências e comportamentos sexuais legais que os políticos homossexuais, por qualquer razão, prefeririam manter "privados". Podemos ver aqui outro drama central de nossos tempos: de um lado, a crescente tensão entre o pessoal e o individual e as relações interpessoais como fonte suprema de valor; de outro, a obsessão com a celebridade — de ambas se alimenta a mídia, que tem papel crucial na criação e sustentação desta última.

Esse foi um dos paradoxos do discurso da mídia após a morte da princesa Diana. De um lado, havia condenação dos tenazes *paparazzi* que a perseguiram implacavelmente e o extático elogio dos valores pessoais de "sensibilidade" e "feminilidade" que Diana supostamente encarnava, em oposição aos

* N. do T.: referência a Rupert Murdoch, controverso magnata da mídia internacional.

valores apresentados como formais, repressivos, da vida pública e seus deveres tradicionais. De outro, havia a censura à família real por não ter manifestado sua dor em público, para deleite popular, associada a uma afirmação mais genérica sobre o papel socialmente terapêutico da expressão pública dos sentimentos privados.

Assim, no debate sobre privacidade e informação de mídia encontramos, de um lado, os que defendem a privacidade contra a intromissão da mídia — incluindo-se aí celebridades e figuras públicas, como políticos, opondo-se a intrusões em sua vida "privada", em oposição à "pública"; de outro, a mídia, defendendo seu comportamento como de interesse "público" por revelar publicamente informações necessárias para que se façam julgamentos políticos informados sobre a adequação dos detentores de cargos públicos. Duas distinções entre público e privado estão em questão aqui. De um lado, trata-se de saber se pode ou deve ser feita distinção entre comportamento público e privado no caso de um determinado indivíduo; de outro, se há uma gama de assuntos (ou comportamentos) que seja própria ou imprópria para discussão ou exibição em público. E, em ambos os casos, se a moralidade é um assunto público ou privado. A busca implacável de escândalos pela mídia, alimentada pela competição, tornou-se uma grave questão política. Muitos comentaristas sérios hoje argumentam, nos Estados Unidos, que ela age como enorme desincentivo, levando pessoas capazes e de bons princípios a desistirem de entrar na vida pública, privando-a dos serviços daqueles cuja perda nos é mais prejudicial.

O terceiro exemplo de manipulação da distinção entre público e privado é o debate regulamentador provocado pela chamada convergência e pelo desenvolvimento do meio de comunicação Internet. Até o momento, dois modelos de comunicações têm servido de base aos regulamentos. De um lado, a mídia de massa tradicional, impressa, falada e televisiva, vista como um conjunto de meios de comunicação pública que abarca a esfera econômica privada e a esfera política pública de um modo tal que legitima a intervenção política pública para garantir que cumpra suas funções públicas — funções que, em última análise, se baseiam numa teoria liberal de liberdade de expressão. Tem sido contínuo o debate político sobre até que ponto isso envolveu uma intervenção do Estado nas atividades econômicas das empresas privadas e, caso tenha havido tal intervenção, que formas ela assumiu.

De outro lado, desenvolveram-se redes de telecomunicações que transportam comunicações privadas entre indivíduos. Conquanto a regulamentação dessas redes seja considerada legítima, qualquer regulamentação das mensagens enviadas através delas é vista como ilegítima e como violação da liberdade, autonomia e privacidade individuais — na verdade, como violação do direito à livre expressão. No ambiente da Internet, essas duas tradições de pensamento entram agora em conflito. É possível, por exemplo, ver os *websites* em qualquer das duas óticas, seja pelo endereçamento individual e a natureza transacional de cada relação comunicativa com o *site* — um *site* para uma série de transações individuais privadas no modelo do mercado —, seja por sua acessibilidade geral como *site* para comunicações públicas dentro da esfera pública, com direitos e responsabilidades correlatos para controladores e usuários. A visão que adotarmos fará diferença nas avaliações normativas da atividade e em qualquer política reguladora que desejemos advogar ou impor.

A natureza radicalmente ambivalente da distinção entre público e privado e, em conseqüência, a necessidade de especificar com extremo cuidado, em qualquer caso específico, qual vetor de valor está sendo manipulado podem ser mais bem percebidas quando vemos como a avaliação relativa de ações públicas e privadas pode ser invertida com as distinções opostas entre liberdade e necessidade. A visão liberal clássica da política vê o domínio privado da liberdade negativa como positivo, e o domínio público, talvez, como restrição lamentavelmente necessária a essa liberdade e que deve, portanto, ser reduzida ao mínimo. O público está ali servindo aos interesses mais altos do privado. A tradição cívica republicana clássica, como foi representada mais claramente na filosofia política recente por Hannah Arendt, vê a economia privada doméstica da família como o reino da necessidade, e o domínio público do político como o reino da liberdade no qual os seres humanos somente conseguem forjar identidades autônomas tomando decisões livres.

Desejo argumentar que os usos dos termos público e privado e suas diferentes valorizações pelos diversos comentaristas e em situações distintas registram nosso profundo desconforto com esse conjunto de distinções e as dificuldades conceituais que daí resultam. Como resultado da complexa história conceitual, cultural e política na qual essas distinções se desenvolveram e foram usadas, o mesmo termo pode variar radicalmente em suas conseqüências avaliativas, tanto entre os usuários quanto entre as situações.

Permitam-me tomar um exemplo da obra de Habermas. Como se sabe, Habermas lida com uma distinção entre espaço vital (*Lebenswelt*) — reino da racionalidade comunicativa — e mundo dos sistemas — domínio da racionalidade instrumental. Nessa base conceitual, o problema da mídia e da democracia é visto como uma questão de colocar-se o mundo dos sistemas sob o controle do espaço vital através do uso da racionalidade comunicativa na esfera pública. Inversamente, o problema do declínio da esfera pública — ou melhor, o fracasso na realização dos potenciais ideais para democratização da vida moderna contidos na esfera pública burguesa — apresenta-se como um problema da colonização do espaço vital pelo mundo dos sistemas, num processo que Habermas chama de refeudalização. Habermas vê o feudalismo como uma política de exibição pública em que a regra se baseia na fidelidade pessoal ao senhor, que é, em sua pessoa, representante exibido do corpo político e do deus do qual este corpo político é, por sua vez, uma representação. Assim, a política feudal é ao mesmo tempo inteiramente privada, por ser pessoal, e inteiramente pública. Sua natureza pública é bem ilustrada pelos costumes da corte de Versalhes, onde o que hoje veríamos como os aspectos mais privados da vida pessoal do soberano — sua toalete diária — tinha lugar em público e como cerimônia pública. Meu propósito aqui é duplo: primeiro, como o próprio Habermas argumenta, seguindo Hegel, a criação do que hoje chamamos público envolveu a criação do privado — e ao mesmo tempo dela dependeu —, uma esfera íntima de vida pessoal, familiar, que não apenas devia ser excluída do olhar público e das regras de procedimento e avaliação públicos, como também, na versão de Habermas, seria um fundamento necessário para um novo tipo de indivíduo ou cidadão público. "O entendimento do público sobre o uso público da razão era orientado especificamente pelas experiências privadas que emergiam da subjetividade, orientada para o público, da família conjugal. Historicamente, esta última foi a fonte da privacidade, no sentido moderno de uma inferioridade saturada e livre." Esta é, claro, a versão da divisão público-privado que foi veementemente criticada por feministas e que está por trás do *slogan* "o pessoal é político". Assim, a passagem do feudalismo para a modernidade burguesa envolve, nesse modelo, um complexo realinhamento do público e do privado ou antes a criação da distinção em diversas dimensões. De um lado, a liberação da regra feudal envolve uma passagem da regra pessoal para a regra de sistemas públicos, impessoais — a lei em particular; do outro, vista na ótica da sociedade civil, envolve o desenvolvimento de domínios privados — não apenas o da vida afetiva, mas também o do mercado —, livres do controle do governante, que agora assumiu uma forma mais abstrata de autoridade pública: o Estado.

Considerando que no modelo habermasiano o mercado é construído como uma ameaça à esfera pública, o modo como mercado e esfera pública se inserem na divisão entre público e privado é de importância capital. Capital para o mundo dos sistemas — que supostamente está colonizando o espaço vital e assim destruindo o espaço na esfera pública — é o meio do dinheiro; um meio de coordenação social e comunicação através do qual opera a racionalidade instrumental. Faz-se distinção entre esfera pública e esfera pública do mercado com base no argumento de que, segundo Hegel, os indivíduos perseguem no mercado seus interesses privados, concorrentes, enquanto na esfera pública orientam suas ações para o consenso em torno do bem comum (ou interesse público). Fazemos, de modo similar, uma distinção entre os setores privado e público dentro de uma economia — o primeiro de propriedade privada, o segundo de propriedade do Estado em nome do público em geral ou do corpo de cidadãos. Disso decorrem dois problemas: primeiro, a defesa clássica do mercado feita por Adam Smith, da qual ainda deriva o núcleo de nossas idéias sobre o mercado em relação à política, foi que, em contraste com os monopólios corporativos privados do Estado feudal absolutista, ele seria público. Seria público em dois sentidos: era aberto a qualquer um e a todos (no jargão da economia, não havia barreiras à entrada) e, devido ao mecanismo de preços, seu funcionamento era transparente. Assim como Milton argumentara contra a censura, afirmando que apenas a livre concorrência das idéias poderia assegurar a sobrevivência da verdade, e assim como Kant argumentara, como veremos, que o iluminismo dependia do uso público, e não privado, da razão, também Smith argumentou que a concorrência pública entre produtores assegurava a otimização do bem-estar material, transformando-se assim a busca do interesse privado em interesse público.

Vimos até agora a relação entre mercado e esfera pública em termos da distinção entre interesse público e privado, mas há um aspecto crucial, geralmente negligenciado, da defesa de Adam Smith do mercado como esfera pública que manipula a distinção público/privado em termos do efeito benéfico de sua exibição pública sobre o comportamento privado. Antes de passarmos a essa questão, porém, precisamos examinar as razões da importância capital conferida a uma ética de discurso nas teorias de esfera pública e na teoria política democrática que nela se baseia.

Voltemos à esfera pública, agora tendo em mente o problema da distinção entre público e privado. O conceito de esfera pública — e as distinções conceituais e normativas entre público e privado a ele relacionadas — vem sendo apresentado como o conceito normativo com o qual devemos julgar o desempenho da mídia na perspectiva da criação e manutenção da democracia. Nessa perspectiva, ao julgarmos sua eficácia e as críticas que lhe são feitas, precisamos ver com clareza a questão a que se referem.

As origens do problema do relacionamento entre comunicações e política podem ser encontradas no iluminismo e no paradoxo básico apresentado pela modernidade: o paradoxo do que Kant chamou de "sociabilidade anti-social" dos seres humanos. Isso pode ser entendido como a tensão inerente entre liberdade e fraternidade. Se considerarmos como certas as características essenciais da modernidade, como o desenvolvimento de formas de especialização social cada vez mais complexas, associadas a uma separação entre a formação da identidade humana e as oportunidades da vida, de um lado, e os papéis atribuídos, de outro, e tendo-se a morte da tradição como guia do comportamento social, ver-nos-emos então inevitavelmente confrontados com a tarefa de construir formas de coordenação social, laços sociais, sejam eles vistos como comunidades politicamente organizadas (*polities*), comunidades ou sociedades, que sejam compatíveis com indivíduos livres, no sentido de seres racionais reflexivos e autônomos cujas identidades e moralidades devem, inevitavelmente, ser pós-convencionais. Não precisamos envolver-nos, ainda que isso seja interessante, com as raízes históricas dessa transição das sociedades tradicionais, nem mesmo com seu interesse ou moralidade. Trata-se do destino com que hoje nos defrontamos e com o qual temos de lidar.

A democracia moderna é, em essência, o modo como tratamos o relacionamento entre liberdade individual e agência moral, por um lado, e, por outro, as imprescindíveis e inevitáveis normas e estruturas sociais nas quais apenas tal liberdade pode ser exercida. Como diz Rousseau no *Contrato social*, "o problema é encontrar uma forma de associação em que cada um, unindo-se a todos, possa ainda obedecer apenas a si mesmo e permanecer tão livre quanto antes. Esse é o problema fundamental para o qual o contrato social dá solução".

A resposta de Kant foi epistemológica e apresentou o que ficou conhecido como palco central da ética do discurso. Assim, o principal fundamento de uma comunidade politicamente organizada (*polity*) e democrática seria a capacidade e o dever de exercer a razão pública. Cidadãos livres não poderiam depender da simples opinião não fundamentada de outros. Tinham de pensar por si mesmos e submeter suas opiniões à disciplina da crítica pública.

Esse argumento ligava-se a uma tradição de pensamento político que tem sua origem na comunidade dos santos e na necessidade de descobrir a verdade de Deus através de troca pública de idéias derivadas da fé e da consciência privadas para fundar a teoria da legitimidade democrática do contrato social liberal, na qual a livre expressão e, por conseqüência, a tolerância eram as virtudes políticas supremas, prevalecendo o certo sobre o bom. O ponto crucial é que sobre esse fundamento epistemológico constrói-se uma teoria da relação entre comunicações e política que estabelece uma esfera limitada para a ação pública com base na prévia existência de súditos individuais autônomos, privados, cujos direitos individuais o domínio público tem o dever de proteger igualmente, mas cuja autonomia e, portanto, potencial de liberdade se constroem com base no discurso público.

A resposta alternativa ao paradoxo da modernidade pode também ser derivada de Rousseau, da ênfase dada por ele à centralidade, na formação da identidade humana e na manutenção dos laços sociais, do desejo humano de reconhecimento, amor ou estima dos outros. Como argumentou Charles Taylor, nossas políticas modernas de identidades, individuais ou coletivas, e os problemas das disputas em torno delas têm sua origem na tentativa, segundo Rousseau, de tornar a honra igualitária. Haurindo uma tradição de republicanismo cívico, o campo da política foi visto como o lugar onde se expressam os valores comuns do coletivo e onde, agonisticamente, os cidadãos individuais competem por honra e respeito — ou reconhecimento, na terminologia moderna. Eis por que, para Rousseau, na república utópica todos os cidadãos estariam permanente e perpetuamente em mútua exibição. Se o feudalismo fora um teatro onde o governante representava para um público espectador, numa república igualitária todos os cidadãos seriam, pois, ao mesmo tempo atores e espectadores uns dos outros, num permanente teatro social.

Essa visão foi desenvolvida por Hegel, na sua crítica a Kant, em duas direções principais. Na primeira, desenvolvendo uma teoria da subjetividade humana como socialmente construída num processo de interação recíproca e de mútuo reconhecimento. Na segunda, enfatizando o problema do que chamou de *Sittlichkeit* — isto é, os valores compartilhados nos quais se baseiam necessariamente os membros de qualquer coletivo social que não se mantenha unido apenas pela força, valores que levam indivíduos livres a desejar pertencer a uma dada coletividade, a nela sentirem-se de tal forma em casa que passam a lhe dever fidelidade e, no teste último da cidadania, a estarem prontos a subordinar seus interesses privados ao interesse público a ponto de se disporem a morrer por seu país. Na perspectiva da teoria da esfera pública, essa tradição prioriza a fraternidade ou solidariedade. É a partir dessa tradição que se monta a crítica comunitária contra o que é percebido como esfera pública e como características de ética de discurso baseadas em direitos abstratos e racionalistas. Para esses críticos, o problema do discurso público é um problema de construção de discursos que reconheçam a diversidade cultural e individual e que sejam capazes de motivar e dar aos agentes humanos a sensação de pertencer, ou *heimat*, em vez de incentivar um autodesenvolvimento crítico.

O problema político de que trata a tradição de análise da esfera pública tem, portanto, dois lados, e muitos dos problemas com os atuais usos da expressão esfera pública — e das críticas a ela — derivam de uma confusão sobre qual dos dois lados do dilema está sendo abordado. A esfera pública envolve duas questões: de um lado, a questão do discurso e sua relação com a formação de identidades humanas e com a motivação da ação; de outro, a questão das estruturas institucionais, das formas de relacionamento social e das esferas apropriadas de efetividade social de esferas de discurso e ação que consideramos públicas. As diferenças entre as posições giram em torno dos pesos relativos dados a discurso e ação, na formação de identidade e na política, dentro de visões mais gerais de sociedade. Especificamente, será propósito da esfera pública, e da política em geral, alcançar um consenso e substituir a força pela persuasão como modo dominante de coordenação social? Ou, ao contrário, será o domínio público, nas palavras de Arendt, "onde a liberdade pode aparecer" porque "os homens agem de comum acordo"?

Comecemos pelo lado do discurso. Para a teoria de esfera pública de Habermas, são fundamentais, primeiro, o conceito de ética comunicativa ou ética de discurso; segundo, um teste específico de racionalidade aplicado ao intercâmbio comunicativo apropriado à esfera pública e legítimo para a formação da opinião e vontade públicas. Uma crítica central dos comunitaristas e pós-modernistas a essa tradição é que ela se baseia na temática racional do iluminismo, já não mais sustentável, e também, portanto, no modelo político liberal de direitos, com sua negação de espaços vitais (*Lebenswelt*) distintos e a inevitável irredutibilidade da relatividade dos valores que neles surgem.

Fica claro que esse elemento do pensamento de Habermas tem sua origem no conceito, formulado por Kant, da relação entre a formação de súditos individuais autônomos e o uso da razão pública. É importante registrar que, para Kant, a autonomia do indivíduo — e, portanto, sua liberdade, na qual deve basear-se qualquer teoria de democracia e onde muito da tradição do pensamento político liberal tem origem — reside na capacidade de pensar por si mesmo, o que implica, numa situação de dúvida abrangente, livrar-se tanto dos dogmas — os pensamentos pré-moldados dos outros ou da sociedade em geral, que ficaram conhecidos como ideologia — quanto da subjetividade dos desejos individuais e do ponto de vista individual.

Nessa perspectiva, a racionalidade, condição fundamental da autonomia e, logo, da liberdade, dependia do exercício da razão pública, em oposição à razão privada. É importante ressaltar que a distinção não gira em torno do número de pessoas a quem se dirige o discurso ou que a ele têm acesso, mas em torno das condições discursivas. Para Kant, a razão pública deve apresentar-se de modo que seja potencialmente aceitável para qualquer outro ser humano, o que por sua vez implica o esforço de se colocar na posição do outro. Assim — e isso é crucial no clima do pensamento atual, que tanto enfatiza a identidade —, para Kant e para a parcela da tradição de esfera pública que dele deriva, a identidade, salvo no sentido mais básico e mínimo de percepção de autoconsciência (sem a qual, argumenta Kant, não seríamos jamais seres morais, mas apenas animais levados pelos instintos), que não preexiste à interação social e ao agente moral autônomo — sujeito necessário da política democrática —, somente pode ser formada no exercício da razão pública como Kant a definiu. A essência de tal razão pública é ser sempre submetida à possível crítica dos outros. Razão pública distingue-se de razão privada — aqui Kant dá o exemplo de um sermão — porque a aceitação do sermão implica a prévia aceitação, inquestionada e inquestionável, de uma gama de dogmas religiosos. Nenhum tema é considerado impróprio para a razão pública, e é por isso que a tolerância intelectual e a liberdade de comunicação são os valores supremos dessa tradição.

Assim, a característica pública do discurso como condição para formação de uma sociedade de agentes livres e autônomos — não no sentido de que não estejam sujeitos a restrições sociais e materiais, mas no sentido de que pensem por si mesmos — baseia-se antes na natureza do discurso e no potencial de acesso a ele do que no número de pessoas que a ele efetivamente tiveram acesso. Esse é também o motivo pelo qual, na raiz da questão, o comportamento da mídia — como ela constrói seu conteúdo e sua relação com sua platéia — é uma incontornável questão de ética.

Eis por que é simplesmente fora de propósito argumentar, como fazem os críticos dessa linha do pensamento sobre esfera pública, que a maioria das pessoas não consegue atender a essa exigência de racionalidade, ou que ela nega a importância do prazer e a particularidade da "diferença". Essa posição pode ser interpretada de forma bem estreita, certamente, e a racionalidade, proposta como padrão de comunicação legítima, não distorcida na esfera pública, pode ser tomada de maneira excessivamente racionalista, assumindo, por exemplo, as formas lineares de comunicação escrita, em oposição às maneiras mais icônicas de comunicação visual, e excluindo a retórica de persuasão, ou a narrativa e o espetacular, em oposição às regras da argumentação silogística. Em minha opinião, isso não é um pressuposto necessário ao exercício da razão pública kantiana. Ele não predetermina a forma discursiva, embora haja, inegavelmente, uma tendência na literatura atual para uma gama limitada de formas e gêneros comunicativos — noticiários e atualidades em oposição à ficção, por exemplo.

Pode também ser ligado a uma tradição que vem dos estóicos, que Kant indubitavelmente partilhava, que vincula a distinção entre público e privado à distinção entre mente e corpo, entre razão e paixão, e que desconfia do poder ameaçador da autonomia do que é visto como paixões e desejos animais, desconfiando, por conseqüência, dos apelos emocionais. Pessoalmente, tenho alguma simpatia por essa linha de pensamento, mas não se trata de uma conseqüência necessária da posição da ética do discurso. A única condição é que, quaisquer que sejam elas e independentemente da forma em que se expressam, as propostas têm de ser abertas ao questionamento discursivo segundo as normas de argumentação e apresentação de evidências aceitas pela comunidade discursiva ou cultural particular interessada. Saber se essas normas são universais ou se podem ser universalizadas é, portanto, uma questão secundária.

Nesse ponto, creio que os recentes esforços de Mayhew para combinar o elemento retórico irredutível de todas as comunicações com a abordagem da esfera pública através do conceito de símbolos intercambiáveis (*tokens*) de solidariedade e de uma redefinição de esfera pública como foro para resgate de tais símbolos é tanto ilustrativo quanto exemplar. Em *The new public* (1997), Mayhew argumenta que "as discussões sobre a eficácia do público giram em torno de saber se a discussão pública é suficientemente independente de outras forças poderosas — notadamente poder e riqueza — para constituir uma força integradora por si só. Conseqüentemente, os debates sobre a integração da sociedade democrática levam inevitavelmente a questões sobre a persuasão, sua natureza, seu papel na sociedade e sua relação com a distinção básica entre razão e coerção". Na seqüência, ele argumenta que, "do ponto de vista sociológico, a esfera pública não depende da falsa noção de que a retórica pode ser banida em troca de um discurso inteiramente racional sobre todos os assuntos em todos os momentos, mas da institucionalização de foros para o resgate de símbolos retóricos intercambiáveis [*tokens*]". Que quer ele dizer com "símbolos retóricos"? Ele argumenta que "há uma forma moderna de solidariedade que substitui parcialmente os fortes laços de parentesco, clã, comunidade local e hierarquias de deferência tradicionalmente definidas. A solidariedade moderna diferenciada consiste num processo de comunicação". Prossegue afirmando que "há limitações ao uso da razão na comunicação retórica. A persuasão eficaz se apóia em apelo às normas sociais, aos laços de solidariedade e à força cultural da eloqüência", mas que a retórica se baseia na confiança. "Pede-se às platéias que aceitem argumentos abreviados, símbolos (*tokens*) de argumentos mais amplos que, supostamente, poderiam ser fornecidos se houvesse tempo e oportunidade disponíveis." No argumento de Mayhew, é crucial a tentativa de reintroduzir os apelos à solidariedade grupal como um aspecto não apenas legítimo, mas também inevitável das comunicações na esfera pública. "O recente tema do debate moderno inicial sobre retórica e vida grupal centra-se na questão de saber se a comunidade pode ou deve ser propositalmente desejada, ou se tem de ser concebida como naturalmente inerente aos grupos primordiais." Critica, em seguida, a abordagem de Habermas, argumentando que "a teoria do discurso de Habermas fundamenta a integração social na solidariedade, mas não nos laços comunais particulares que normalmente associamos à solidariedade institucionalizada. Antes, a solidariedade discursiva de Habermas seria universal, criada por uma união dos interesses, comuns a todos, por justiça, autonomia e emancipação. Seria construída por uma comunidade engajada em discussão racional, não cerceada, *sem retórica*", dessa forma "subsumindo a liberdade de expressão numa versão individualista, em vez de comunitária, de liberalismo".

O conceito de símbolos intercambiáveis (*tokens*) de solidariedade de Mayhew nos leva de volta ao outro lado do dilema original da modernidade: a construção da sociabilidade por agentes autônomos, racionais, morais, ou a construção de um mundo ao qual o agente autônomo possa sentir que pertença, em vez de sentir-se a ele subjugado.

Voltamos aqui à preocupação hegeliana com *Sittlichkeit* e à crítica à abordagem de esfera pública de Habermas numa perspectiva comunitária e neoaristotélica. Aqui é preciso ver o debate sobre esfera pública como parte de uma discussão mais ampla entre os que advogam e defendem a teoria e prática dos direitos com base no liberalismo e os vários proponentes da política comunitária e de identidade. Qual o problema que temos aqui?

A crítica comunitária é uma resposta ao dilema político da modernidade que tem origem na crítica de Hegel a Kant e uma resposta alternativa ao dilema levantado por Rousseau. O ponto crucial é que isso leva à solução oposta à da teoria do contrato social e do liberalismo, que nela se baseia. Os valores políticos são agora sociais, em vez de individuais. A política está envolta num conjunto de valores sociais preexistentes ou modo de vida — e, idealmente, os expressa —, e o papel e a legitimidade do Estado ou do domínio público são, pois, incentivar e apoiar esses valores comunais e defender esse modo de vida. Os cidadãos encontram sua identidade e consagram sua fidelidade não a um conjunto de direitos abstratos, mas a um modo de vida — um etos — que incorpora um conjunto de valores morais. Nessa perspectiva, o liberalismo e as formas particulares de democracia que ele sustenta não passam de um modo de vida entre muitas alternativas possíveis. Desse ponto de vista, o papel da mídia é, pois, incentivar e defender esse modo compartilhado de vida, algumas vezes descrito no modelo nacionalista do comunitarismo como identidade ou cultura nacional.

O que Benhabib chamou de elemento integracionista dentro do comunitarismo busca a *Sittlichkeit* como uma tentativa de retorno às certezas morais e unidades sociais das sociedades pré-tradicionais. Aqui, tudo tem um sentido público; os valores que motivam as pessoas e lhes proporcionam a ancoragem social derivam de, e conformam, um modo de vida totalmente compartilhado. Numa teocracia não há lugar para o indivíduo nem para o privado. Na verdade, esse elemento do comunitarismo critica a tradição liberal precisamente por criar e justificar filosoficamente como bem maior as composições sociais que separam a esfera de ação e valores políticos ou públicos, de um lado, da esfera de ação e valores privados, de outro, levando, em sua opinião, a um empobrecimento de ambas.

Por outro lado, o elemento participacionista deseja construir seu caminho de fuga da alienação e do formalismo do liberalismo aceitando ambas as condições de modernidade que são ponto de partida do liberalismo — ou seja, as sociedades pós-tradicionais e os indivíduos reflexivos —, defendendo ao mesmo tempo uma refundação das comunidades políticas na universalização da ética do discurso e suas práticas, o que permitiria que o mundo dos sistemas mergulhasse de novo no da vida. O extremo mais pós-moderno do comunitarismo, que liga os chamados novos movimentos sociais à política de identidade ou reconhecimento, faz essa tentativa advogando, na verdade, a fragmentação das sociedades em comunidades de pequena escala ou de interesse ou identidade especializada, cada qual com sua própria esfera pública. Tende a ver as definições mais universalistas e unificadas da esfera pública como repressoras da diferença e, portanto, antidemocráticas.

O que está em questão aqui é saber se numa comunidade politicamente organizada (*polity*) devemos observar uma ou múltiplas esferas públicas e, também, como devemos pensar a relação entre o público e o privado. Parece-me claro que um comunitarismo integracionista e as políticas de reconhecimento que dele resultam exigem uma esfera pública unificada e exercem uma pressão contínua sobre a existência de uma esfera privada significativa. Seu objetivo é uma combinação, item a item, de um conjunto unitário de valores, uma esfera pública única (se essa expressão ainda guarda aqui algum sentido) e uma única comunidade politicamente organizada (*polity*). Havendo diversas comunidades num único território ou comunidade politicamente organizada (*polity*), o objetivo é sua fragmentação, e não a coexistência e a tolerância da diversidade. Isso é claramente incompatível com o exercício da razão pública no sentido kantiano e com as práticas de mídia e as formas institucionais coerentes com esse ideal.

O caso do comunitarismo participativo e da política de identidade que dele deriva é mais complexo. Aqui o problema surge da ambivalência do valor liberal da tolerância em face da divisão entre público e privado. De um lado, a tolerância pode ser entendida como a aceitação, pelas autoridades públicas, de uma gama de práticas e crenças definidas como privadas, fora do domínio da regulamentação pública, como por exemplo a prática religiosa. Evidentemente essa tolerância repousa, como apontam muito acertadamente os críticos comunitários, sobre o prévio julgamento de que a prática ou crença em questão não representa qualquer tipo de ameaça à vontade ou ao interesse público. Essa forma de tolerância pode ser rejeitada por certos defensores da política de reconhecimento porque, segundo eles argumentam, diminui implicitamente — e, de certo modo, deixa de reconhecer integralmente — a importância ou centralidade da prática de tal crença. Por outro lado, podemos também entender tolerância como reconhecimento público, o que traz as pessoas, práticas ou crenças para o domínio público, sinalizando assim que têm valor igual ao daquelas já anteriormente reconhecidas e que se está disposto a conviver e debater com elas dentro de uma cultura e uma comunidade politicamente organizada (*polity*) compartilhadas.

Assim, precisamos distinguir essas demandas de reconhecimento e de múltiplas esferas públicas — que buscam, na verdade, ampliar o privado de modo a livrar suas identidades do risco de corrosão que inevitavelmente acompanha a participação no discurso crítico da esfera pública e a necessidade de compromisso que o consenso em torno de cursos comuns de ação implica — das demandas de uma ampliação da definição do que é público para permitir sua admissão ao que continua sendo uma arena comum para debate público crítico e decisão, com a aceitação dos deveres e riscos que tal admissão implica.

No primeiro caso, o que se pede, em nome da diferença, é a dissolução de qualquer cultura, organização política ou conjunto de direitos compartilhados, bem como das obrigações a eles associadas. Aqui a questão é saber quanto dessa fragmentação privada pode sustentar uma sociedade ou organização política e permanecer ainda viável, e se somente iremos encarar tais demandas como democraticamente legítimas, na verdade, quando a própria identidade de grupo reclamada estiver sujeita às disciplinas do discurso ético. No segundo caso, pede-se apropriadamente à comunidade liberal politicamente organizada que viva de acordo com seus ideais e que esteja disposta a aceitar que os valores que ela considera essenciais ao seu modo de vida devam ser sempre tidos como provisórios e sujeitos à revisão do discurso crítico.

Precisamos distinguir aqui entre um domínio verdadeiramente privado, o local irredutível da autonomia individual (domínio que, é claro, do ponto de vista verdadeiramente construtivista social, na verdade não existe), e as múltiplas esferas públicas dentro das quais necessariamente vivemos e existimos, definidas por Benhabib como qualquer ocasião ou situação em que as pessoas compartilham um ponto de vista sobre temas de interesse comum, esferas públicas que contribuem, todas, para a formação de nossas identidades e que podem ser mais ou menos democráticas, no sentido de atenderem às exigências do discurso ético. A mídia é parte integrante dessa múltiplas esferas públicas e deve ser julgada, em cada caso, com base nas identidades e práticas que elas incentivam.

Mas é preciso então distinguir entre essas múltiplas esferas públicas e a esfera pública onde a discussão volta-se obrigatoriamente para o consenso necessário à ação de comum acordo numa comunidade politicamente organizada e unificada. É claro que um dos temas que se podem legitimamente discutir deverá ser, sempre e a qualquer tempo, a abrangência de tal debate e ação, no sentido dos limites apropriados de público e privado e da continuada legitimidade dessa específica comunidade politicamente organizada.

É aqui que nos deparamos com a questão de uma esfera pública global. O problema tem dois lados. Primeiro, como a esfera pública política envolve acordos sobre cursos comuns de ação, seu âmbito deve coincidir com o do domínio de poder que a ela deve prestar conta. Assim, se o mundo for governado por forças econômicas globais, a democracia demandará tanto instituições políticas que prestem contas em nível global quanto uma esfera pública — e, por conseqüência, sistemas de mídia — de âmbito similar. Segundo, a criação de públicos transnacionais que escapam ao controle dos Estados-nações — o propalado e reclamado efeito dos novos canais de comunicação, como a Internet — pode aumentar a liberdade perante um determinado Estado-nação, ao mesmo tempo fragmentando o público e solapando a possibilidade de criar uma esfera pública política global. Assim, a mídia com alcance global e a construção de públicos transnacionais não constituem, por si só, uma esfera pública global. Na verdade, a extensão da globalização da mídia tem sido muito exagerada — a maioria das comunicações políticas continua a ocorrer no nível nacional ou subnacional —, e a tendência dominante, em nome do particularismo étnico e cultural tão propalado pelos pós-modernos e pós-colonialistas, aponta para a fragmentação freqüentemente violenta das comunidades politicamente organizadas (*polities*).

Se a abordagem kantiana da distinção entre público e privado e a visão de política que dela deriva podem ser vistas como a busca da autonomia individual através do discurso público, a tradição hegeliana sobre a qual foi erigida a crítica ao pensamento da esfera pública pode ser vista como a busca de uma identidade que apenas o reconhecimento e a estima dos outros podem criar. Se no modelo kantiano a identidade autônoma na qual a democracia deve fundar-se é criada pela crítica mútua, no modelo hegeliano os laços de socialização baseiam-se no reconhecimento de nós mesmos no olhar dos outros. Assim, como Rousseau argumentou, uma ordem social igualitária terá de fundar-se na igualdade de exposição pública, expressa em sua metáfora de que todos os cidadãos são ao mesmo tempo atores e espectadores no teatro da vida.

Essa abordagem leva a uma noção que está sempre presente nos debates sobre privacidade e mídia, ou seja, o papel que desempenham, na construção de uma ordem social moderna viável, os efeitos controladores sobre o comportamento da exposição pública. Voltando a Adam Smith, seu primeiro argumento fundamental em favor do mercado como instituição pública e esfera de comportamento público foi um argumento moral. Segundo ele, jamais poderíamos saber como nossos companheiros humanos realmente pensavam e sentiam, mas o que importava era como se comportavam em relação uns aos outros. Argumentou, então, em linha similar a Rousseau, que uma motivação dos seres humanos era o desejo de ser amado e respeitado por outros, de modo que a melhor maneira de assegurar que as pessoas se comportem bem umas em relação às outras é expor seu comportamento ao olhar público. Isto é o que o mercado conseguira. Vê-se, porém, uma extensão geral desse ponto de vista na avaliação mais abrangente da vida urbana e do desenvolvimento da divisão do trabalho como uma força civilizadora — ao ampliar a gama real e, talvez mais importante, potencial de interações humanas fora da esfera pessoal e privada imediata de um indivíduo, particularmente aquelas fora das relações familiares —, tendo em vista que a urbanidade é um traço de caráter desejável nos homens. O desenvolvimento final dessa noção encontra-se, talvez, no *Processo civilizador* de Elias, onde, inspirado em Durkheim, ele argumenta que é a crescente intensidade do contato social entre estranhos, essa crescente e necessária característica pública da vida moderna que leva à internalização desse conjunto de normas socialmente cooperativas e a maiores níveis de autocontrole que tornam possível uma ordem social moderna, harmônica e relativamente não-violenta. Ironicamente, encontramos aqui uma internalização do controle social, sua personalização, individuação e, em certo sentido, privatização causadas pela crescente publicidade das interações sociais. São esses efeitos autodisciplinadores da exibição pública que Foucault e seus seguidores atacam, usando a metáfora do pan-ótico benthamita como epítome da modernidade, em nome da diferença, cuja fonte e lugar de refúgio buscam na privacidade de um corpo que fica fora tanto do discurso quanto da política.

Comentários

*César Guimarães**

É bela a proposta de Nicholas Garnham de valer-se da expressão "comunicação pública", em vez de *mídia*, a fim de considerar também o sistema educacional na constituição da esfera pública e, logo, da política democrática, numa perspectiva que tem o pensamento de Habermas como fundamento básico. Contudo, vou preferir, em meus comentários, cingir-me ao objeto mais restrito, a *mídia*, até porque o autor não chegou a desenvolver um argumento específico sobre o sistema educacional a que alude.

Parte substancial do trabalho de Garnham é dedicado à defesa da pertinência dos argumentos de Habermas quanto às críticas contemporâneas de autores feministas e comunitaristas de todo tipo ao multiculturalismo. É um debate interessante e instrutivo, mas temo que suas origens persistam mais ricas em ensinamentos. Habermas é fundamentalmente um kantiano. No que veio a ser a grande tradição liberal, Kant aparece como o momento mais sublime — tanto no sentido estético quanto psicológico. Suas concepções da ética, da política e da história desde cedo foram acoimadas de supressoras das diferenças culturais (Herder), de formalismo e universalismo abstrato (Hegel), de exclusão de grupos sociais (Marx e, com brilho posterior, Lukács).

Há, contudo, algo de novo sob o sol do debate contemporâneo. Pode-se tomá-lo como índice ou sintoma do assédio crítico renovado ao liberalismo, no quadro não apenas da crise social e cultural das sociedades mais poderosas do Ocidente, mas também das dificuldades no reconhecimento do outro cultural, há pouco chamado Terceiro Mundo, e de onde emanariam as ameaças da diferença, que termos preconceituosos como "fundamento islâmico", por exemplo, designam com a imprecisão da estranheza. Suspeito que as "tendências globalizantes" a que Garnham se refere tenham muito a ver com isso. A *mídia* global produz as diferenças nesses termos.

Enquanto isso, o liberalismo — mesmo na generosa e humanitária linhagem Kant-Habermas — segue seu curso, na tarefa de deslindar as intermináveis antinomias que propõe: público e privado, interesse e valor, indivíduo e sociedade, liberdade e necessidade, e assim por diante. Conservação

---

* Professor de ciência política do Instituto Universitário de Pesquisas do Rio de Janeiro — Iuperj.

sem fim — como no Parlamento de Carl Schmitt. Aqui embaixo, ou seja, na dura realidade cotidiana, a vertente pós-benthamita do liberalismo, que ora aconselha o príncipe, também se dedica a cultivar suas contradições — só que por via matemática —, mas as resolve pelo exercício do poder, para desconforto dos kantianos, que preferem a vitória da razão à razão das vitórias.

Aqui embaixo estão os consumidores da *mídia* local e global. Há muito que sabem — muitos sabem — que o direito de informar tem como contrapartida o dever de bem informar e como complemento o direito de informar-se. Em belo trabalho, que merece ser lido juntamente como o do professor Garnham, um jurista italiano, Vincenzo Ferrari, desenvolveu as implicações desses conceitos jurídicos.[1] Tomou como laboratório a Itália, onde todos esses direitos e deveres são freqüentemente desrespeitados — e especialmente o foram no curto governo Berlusconi.

Adquirir melhores conceitos jurídicos, afinados — nesse caso, via Bobbio e, pois, também com Kant — com a realidade contemporânea, é importante. Ocorre que os pós-benthamitas *agem* de outra forma: o seu direito tem por nome a economia — a desregulamentação, a privatização, as fusões e incorporações. De maneira que o direito de informar é o de possuir a empresa de dimensões adequadas. Assim na imprensa e na radiofusão tradicional, como nos novos meios e novas tecnologias e já agora na Internet: nesta, sempre há um espaço para nos preocuparmos com as baleias ou a poluição na China e até, eventualmente, com as populações africanas e os sem-terra brasileiros, mas o nome do jogo é claro: *e-business*.

Podemos, a partir das máximas adequadas, derivar realidades abstratas e melhores e o agir racional que as configure, mas o mundo, pós-benthamita que é, insiste em hierarquizar a vida à sua maneira, ao requerer não mais que a apropriação privada das coisas (e das chances vitais do *demos*, entre elas a de informar-se). Das antinomias que se ocupem os *outros* liberais, que correm o risco de funcionalização adequada... Sempre é possível que alguns deles, generosos, cheguem à conclusão de que concentração da propriedade na *mídia* (ou em qualquer outra esfera) e democracia não andam bem juntas. Para isso, porém, é preciso liberar-se... do liberalismo.

---

[1] Democracia e informação no final do século XX. In: Seminário Informação e Democracia. Rio de Janeiro, Uerj/Nuseg, nov. 1998.

Outros Livros de Interesse

(Títulos já publicados)

Ciência, política e trajetórias sociais: uma sociologia histórica da teorias das elites
Mario Grynzpan
256p.

Corrupção e reforma política no Brasil: o impacto do *impeachment* de Collor
Keith S. Rosenn e Richard Downes (orgs.)
240p.

Crise, reforma do estado e governabilidade: Brasil, 1985-95 (2ª edição)
Eli Diniz
228p.

A imprensa em transição
Alzira Alves de Abreu e outros
200p.

Multipartidarismo e democracia: um estudo sobre o sistema partidário brasileiro (1985-94)
Jairo Marconi Nicolau
128p.

Políticas sociais e ampliação da cidadania
Pedro Jacobi
156p.

O sistema partidário brasileiro: diversidade e tendências, 1982-94
Olavo Brasil de Lima Jr. (org.)
328p.

Sistemas eleitorais: uma introdução (2ª edição)
Jairo Marconi Nicolau
80p.

Trabalhar, verbo transitivo — destinos profissionais dos deserdados da indústria automobilística
Adalberto M. Cardoso
252p.

Um acordo forçado: o consentimento da imprensa à censura no Brasil
Anne-Marie Smith
264p.

Impresso nas oficinas da
SERMOGRAF - ARTES GRÁFICAS E EDITORA LTDA.
Rua São Sebastião, 199 - Petrópolis - RJ
Tel.: (24) 237-3769